전인 아동 교육

WHOLE CHILD EDUCATION

Whole Child Education
by john P. Miller

전인 아동 교육

WHOLE CHILD EDUCATION

John P. Miller 지음　　민경숙 옮김

아카데미프레스

저자의 한국어 판 서문

한국 독자들께

『전인 아동 교육』이 한국어로 번역되어 매우 기쁘게 생각합니다. 저는 1997년 처음으로 한국을 방문하게 되었고, 그 후에 두 번 더 한국을 다녀왔습니다. 가장 최근 방문은 2013년이었죠. 이 세 번의 방문 동안 저는 한국 홀리스틱 교육 협회가 주최하는 학회에 참석하였으며 학회 회원들의 열정과 헌신에 감명을 받았습니다. 세 번의 여행에 제 아내 미도리도 동행하였는데 그 이후 지난 수년 동안 한국 동료들과 값진 친분을 쌓아가게 되었습니다. 토론토 대학교에 방문 교수로 오신 두 분의 교수님(김세곤, 명지원)과 함께 할 기회가 있었고, 그간 세 명의 한국인 박사과정 학생을 지도하였습니다. 그들은 모두 훌륭한 논문을 써냈습니다.

민경숙 박사가 이 책을 번역하였다고 제게 말하였을 때 놀랐고 기뻤습니다. 그녀가 애써준 것에 깊은 고마움을 표합니다. 『전인 아동 교육』은 홀리스틱 교육에 관한 제 연구의 발전된 요약판입니다. 이제 한국 독자들도 이를 접할 수 있게 되었습니다. 이 책이 한국 홀리스틱 교육 협회의 활동과 홀리스틱 교육 현장에서 일하고 있는 모든 한국 분들에게 도움이 되기를 진심으로 바랍니다.

존 밀러

전인 아동 교육(Whole Child Education)에 대한 전 세계적인 관심과 주목이 흥미롭다. 이에 대한 인식과 노력이 비단 어제 오늘 일만은 아니다. 동서고금을 막론하고 모든 지혜로운 교육가들은 몸과 마음, 이성과 감성, 그리고 영혼이 잘 조화된 온전한 사람을 양육하는 일에 지대한 관심과 노력을 기울여 왔다. 21세기의 교육 현장에서 전인의 중요성이 다시금 교육자들의 심금을 울린다. 그리고 홀리스틱 교육이 그 중심에 있다.

2002년 가을, 나는 토론토 대학교 교육 대학원 교육학 석사과정에 입학하였다. '홀리스틱 커리큘럼' 이라는 과목을 첫 학기, 첫 과목으로 수강하면서 지도 교수인 존 밀러 교수와의 만남이 시작되었다. 잭(밀러 교수의 다른 이름)의 과목은 언제나 대단한 인기를 끌었다. 그의 세계적인 명성과 특별한 교수 방식으로 많은 학생들이 몰렸고, 20명으로 정해진 대학원 수업 인원 상한선을 뚫고 등록을 하기 위해서는 상당히 민첩하게 움직여야 하였다. 토플 시험을 갓 치른 아시아 학생이 북미에서 대학원 수업을 듣기란 쉬운 일이 아니다. 언어적인 벽은 말할 것도 없거니와 교실 안팎에서의 상당한 문화적 차이들로 왕왕 당혹스러울 때가 있다. 잭도 기억하는지 모르겠지만, 내게 던진 그의 첫 번째 질문을 나는 잊지 못하고 있다: "학생은 왜 이곳에 왔는가? 한국은 이미 대단한 홀리스틱 교육장이 아니던가?"(Why you are here? Korea is already a good place for articulating the holistic education, isn't it?) 홀리스틱 교육에 대한 이해가 턱없이 부족하고 자신감마저 없었던 터라 대답을 제대로 하지 못하고 그 시간을 진땀 흘리며 모면하였다.

그 후로 11년이 흐르는 동안, 밀러 교수의 학문적 역량과 깊이, 그의 진솔함과 인간에 대한 예의, 그리고 홀리스틱 교육에 대한 열정은 나를 늘 긴장케 하였다. 특히 내가 태어나고 교육받고 가르치는 직업을 가졌던 곳, 한국을 생각하면서, 그가 내게 던졌던 첫 번째 질문이 내게 끝없는 도전이 되었다. 아이 둘을 낳고 공부하면서 지난해가 되어서야 밀러 교수의 지도를 받으며 박사과정을 마쳤다. 예술이 갖는 교육적 의미를 홀리스틱 교육과 접목하는 논문을 쓰면서 나는 다시 한 번 전인 형성이야말로 홀리스틱 교육이 뚜벅뚜벅 향해 가야 할 목적지라는 것을 확신하였다. 그래서 졸업 후 첫 프로젝트로 잭이 2010년에 쓴 『Whole Child Education』을 번역하기로 마음먹었다.

내가 알고 있는 한 이 책은 밀러 교수의 홀리스틱 교육에 대한 사상과 구성 요소들을 가장 명료하게 함축해 놓은 책이다. 이 책은 전인 교수(whole teaching), 전인 교육과정(whole curriculum), 전인 학교(whole school), 전인 교사(whole teacher)라는 틀로 교육 생태계를 재구성하는 것이 전인 아동 교육의 초석이 된다는 사실을 이론적이며 실제적 측면에서 강력하게 주장하고 있다. 몸과 마음, 영성이 조화된 전인을 향한 교육이 어떻게 지역 공동체와 나아가 지구 공동체 그리고 우주라는 거대한 삶의 생태계와 연결되는지, 그리고 이런 광대한 비전을 품고 진행하는 홀리스틱 교육이 우리의 배움과 가르침의 현장을 어떻게 변화시켜 나갈지를 흥미롭게 보여준다.

번역을 하면서 가장 힘겨웠던 점은 홀리스틱 교육의 주요 어휘들에 대한 우리말 표현을 찾는 것이었다. '번역'은 '반역'이라는 농담과 "Lost in Translation"라는 인문학에서 널리 통용되는 문구를 들먹이며 부족한 번역능력에 대해 변명할 구실을 찾고 있지만, 홀리스틱 교육의 주요한 사상을 가장 적절하게 표현해 주는 우리말 단어들을 찾기란 정말로 어려운 일이었다. 이런 연고로 다음 어휘들의 번역에 관련된 짧막한 의견을 덧붙임으로써 본 번역자의 부족함에 대한 양해를 구하고, 나아가 독자들이 밀러 교수의 책을 보다 잘 이해하는 데에 조금이나마 도움이 되었으면 하는 바람을 전한다.

첫째, 이 책의 제목인 'Whole Child Education'을 '전인 아동 교육'이라 번역하면서, 책의 내용에 나오는 영어 단어 'Whole'을 일관되게 '전인'이라고 번역하였다. 밀러 교수는 '홀리스틱 교육'의 개념과 방향을 고찰하고 예증하는 일에 중점을 두면서, 전문 용어처럼 되어버린 'Holistic'이란 단어 대신에 일상적으로 사용되는 단어인 'whole'을 주요한 수식어로 사용하고 있다: wholeness, whole child, whole teaching, whole school 등. 영어 단어 whole에 해당하는 우리말은 '전체' 이지만, 전체라는 말을 붙여 전체 아동, 전체 교수, 전체 학교, 전체 교육 과정 등으로 번역하면 이 책이 전하는 내용의 의미를 온전히 전달할 수 없다.

밀러 교수의 문하생으로 오랫동안 공부하면서 그가 주창하는 '홀리스틱 교육'은 이미 오래전부터 한국 교육 현장에서 사용된 '전인 교육'이라는 교육 목적과 철학에 잘 부응한다는 생각을 하게 되었다. 그러나 '홀리스틱 커리큘럼'이 추구하는 전부를 한국의 '전인 교육'이 담아내고 있지 못하고 있다는 생각을 떨칠 수가 없다. 이와 동일한 어려움으로 인해 밀러 교수의 『The Holistic Curriculum』 초판 번역에 참가한 학자들도 번역한 책의 제목을 '전인 교육과정'이나 '통전적 교육과정'이 아니라 '홀리스틱 교육과정'이라 하였을 것이다. '전체성'을 뜻하는 단어인 'wholeness'는 인문학의 다른 분야들에서 이미 통전성(通全性)이라는 단어로 널리 사용되고 있으며, 'holistic'은 '통전적'이라는 단어로 번역되어 사용되고 있다. 홀리스틱 교육과정을 전공한 학자로서 본 번역자는 'holistic'을 외래어 표기법으로 '홀리스틱'이라 번역하기보다는 이 단어의 의미를 잘 담아내고 있으며, 다른 인문학 분야에서 상용되고 있는 단어인 '통전적'으로 번역하는 것이 더 좋다고 생각한다. 이 책의 번역에서는 교육의 한 가지 접근 방식을 가리키는 의미로 쓰일 경우 'holistic'을 '통전적'이란 단어로 일관되게 번역하였다. 그러나 이미 학계에 하나의 학문 분야로 그리고 그 분야를 가리키는 전문 용어로 자리잡은 'Holistic Curriculum'이나 'Holistic Education'을 지칭할 때에는 이를 고유명사로 여겨, 통전적 교육과정이 아니라, 관례대로 '홀리스틱 교육과정'과 '홀리스틱 교육'으로 번역하였다.

한 가지 분명히 해야 할 것은 홀리스틱 교육과정이 지향하는 '전인 아동 교육'에서 '전인 아동'의 의미는 한국의 전인 교육이 지향하는 것보다 더 심층적이고 더 포괄적이라는 사실이다. 한국적 의미의 '전인 교육'은 지, 덕, 체를 갖춘 인간의 양성을 목적으로 한다. 개인적인 차원에 국한된 발달과 성장에 치중하는 경향이 강하다. 그러나 홀리스틱 교육과정이 바라보는 '전인 아동'은 지, 덕, 체를 수양하는 단순한 학생이 아니다. 홀리스틱 교육은 아동을 무엇보다도 영적인 존재로, 사회-문화적 존재로, 나아가 우주의 궁극적인 실재와 관계를 맺는 우주적 존재로 제시한다. 번역하는 과정에서 부득이하게 의미의 미묘한 차이가 생기는 것은 피할 수 없을 것이다. 그럼에도 이 책의 주제인 'whole child'를 지칭하는 말로 '전인 아동'을 일관되게 사용할 것이며, 이는 기존의 '전인 교육'이 내포하는 '전인'을 보다 심층적으로 그리고 보다 다면적으로 확대한 개념이라는 것을 여기에 명시하고자 한다.

둘째, presence는 홀리스틱 교육을 성립하게 하는 또 하나의 핵심 개념이다. presence는 교사가 '교육 현장에 온전히 참여할 때'의 상황을 표현하는 말로, 물리적이고 신체적인 것뿐만이 아니라 정신적, 감정적, 영적으로 아이들과 함께하는 교사의 존재 방식을 일컫는다. 영어 단어 presence에 대한 일반적인 번역에는 존재, 임석, 있음, 참가, 점유, 임재, 현존, 영향력 등이 있다. 이렇듯 presence는 상황과 문맥에 따라서 번역된다. 전인 아동 교육의 관점에서 볼 때, 이런 개개의 단어들은 교사의 presence가 의미하는 바를 온전히 표현해 주지 못한다. 교사가 물리적으로 학생들과 함께하는 것을 넘어서, 정신적으로, 영적으로 연결되어 함께함으로써 그들에게 유익한 무형, 유형의 영향력을 끼치는 존재 방식을 한 단어로 무엇이라 표현할 수 있을까? 풀어서 번역할 수밖에 없다. '아이들과 온전히 함께함'이 가장 근접한 번역이다. 그러나 원문은 단순히 presence이므로, 이 책에서는 상황에 따라 '재실'이나 '함께함' 등으로 번역하였지만 독자들은 이 단어의 보다 풍부한 의미를 알고 있어야 한다.

셋째, 앞서 말한 presence처럼 mindfulness도 번역상의 같은 문제가 있다. 홀리스틱 교육에서 말하고 있는 마인풀니스는 지금 현재에 온전히 깨어 있음을 말한다. 과거나 미래에 대한 상념이나 복잡한 주변 환경에 마음을 빼앗기지 않으며, 순간순간의 행동과 경험을 지각하는 상태를 의미한다. 분석, 비교, 기억, 계산과 같이 자아(ego)를 기반으로 한 활동이 아니며 지금 여기 이 순간의 경험을 왜곡과 편견 없이 응시하는 것이다. 마인풀니스의 원래 의미는 저자가 6장에서 밝히고 있듯이 '우리가 행하는 활동에 온전히 마음을 다해 함께하는 것'이다. 한 가지 선택된 것에 배타적으로 주의를 모으는 집중(concentration)과는 분명히 구별되어야 한다.

이 단어의 의미는 밀러 교수가 이 책에서 mindfulness를 명상과 구별되는 수련의 한 방식으로 소개하면서 다소 복잡해진다. 마인풀니스는 일상적 용어(주로 형용사 mindful의 의미로)로 사용되는 경우가 있고, 한국에 '마음 챙김 명상'이라 소개된 것처럼 명상과 유사한 수련의 한 유형을 가리키는 전문 용어로 사용되는 경우가 있다. 이 단어가 일상적 용어로 사용될 경우 '마음을 다함'이나 이와 유사한 표현들로 번역하였고, 명상과 유사한 수련을 지칭할 경우에는 외래어 표기로 마인풀니스라고 번역하였다. 이를 '마음 챙김 명상'이라 번역하지 않은 이유는 밀러 교수는 다른 명상들의 예와 마인풀니스를 다소간 구별하고 있으며, 또한 '마음 챙김 명상'이라는 말의 어의가 마인풀니스가 뜻하는 바를 그대로 담아내고 있지 못하다는 생각이 들기 때문이다. 그러나 마인풀니스에 대한 정확한 번역으로 '마음 챙김 명상'을 선호한다면 독자들은 이 책에서 마인풀니스라는 단어가 나올 때마다 마음 챙김 명상을 가리키는 것으로 이해하길 바란다. 결국 마인풀니스의 수련을 통해서 얻고자 하는 것은 지금의 순간에 마음을 모아 함께하는(presence) 능력을 자양하는 것이다.

위의 어휘들을 포함하여 홀리스틱 교육의 여러 전문 용어들을 독자들이 쉽게 접할 수 있도록 원어 그대로 괄호를 사용하여 한글 옆에 표기하였다. 번역자의 부족한 능력으로 인해 밀러 교수의 수려한 표현들이 제대로 전달되지 않은 것에 대해 다시 양해를 구하며, 이 책의 번역이 인내와 사랑으로 10년 넘게 본인을 지도해준 밀러 교수에게 조금이나마 보답이 될 수 있기를 바란다. 그는 훌륭한 학자이지만 더 훌륭한 인간이다.

민경숙

감사의 말

이 책을 위해서 애써준 토론토 대학 출판사에 깊은 감사를 드린다. 우선, 초본을 보내도록 용기를 주고 교정 과정을 도와준 버질 더프(Virgil Duff) 편집장에게 고마움을 전한다. 출판 과정을 책임져준 앤 러린(Anne Laughlin)에게도 감사하고, 책의 멋진 표지를 위해 애쓴 부편집장 페트리샤 사이모스(Patricia Simoes); 디자이너 킴 몬테포르테(Kim Monteforte); 출판 책임자 애니 디어멘지안(Ani Deyirmenjian)에게도 감사를 전한다. 세심한 작업을 해준 카피 에디터 제임스 레히(James Leahy) 또한 감사하다.

그리고 전인 교수의 예를 위해서 글들을 보내준 학생들에게도 감사의 말을 전한다: 글리니스 버나도(Glynnis Bernardo), 신디 버네트(Cyndi Burnett), 레니 코헨(Renee Cohen), 켈리 나이(Kelli Nigh), 게일 필립스(Gail Phillips) 그리고 낸시 지그로빅(Nancy Zigrovic). 또한 나의 대학원 조교들이며 홀 차일드 학교에서 일해온 제니퍼 모사(Jennifer Motha)와 초본 교정을 도와준 저스티나 루신스카(Justyna Rucinska)에게도 고마움을 표하고 싶다. 홀 차일드 학교(WCS)에 대한 장을 읽어준 스테판 데이비스(Stephen Davies)와 그 장을 위해 힘써준 홀 차일드 학교 교사인 데보라 아델만(Deborah Adelman)에게도 감사한다.

끝으로 토론토 대학 교육 대학원과 거기서 30년 이상 홀리스틱 교육에 대한 나의 연구를 지지해준 많은 동료들에게 고마움을 전한다.

교육에 대한 전통적인 접근들은 단편적이며 시험 점수에 초점을 두거나 수행과 성취에 대한 변수를 제한적으로 정의하고 있다. 『전인 아동 교육』에서 존 밀러(John P. Miller)는 여러 가지 사고 유형들의 관계성을 발전시키고, 몸과 마음을 연결하며, 아이들의 내적 삶을 중시하는 대안적인 모델을 제공한다.

밀러는 교수, 교육과정, 학교, 교사의 안녕 등에 관한 특정한 주제들을 이끌어 내면서 전인 학생과의 연결을 촉진해 주는 세 가지 기본적인 접근법—전수, 상호 작용, 변화—을 제시한다. 밀러의 사상을 교실에서 실천하고 있는 교사들의 실제적인 예들과 토론토의 홀 차일드 학교(2009년에 설립됨)에 대한 기술은 어떻게 전인 아동 교육의 원칙들이 크고 작은 수준에서 실행될 수 있는지를 그려내고 있다. 마틴 루터 킹의 강력한 비전과 사랑의 공동체라는 개념에 영감을 받아 쓴 『전인 아동 교육』은 홀리스틱 교육을 통해 공동체를 만들어 가는 주요한 안내서가 될 것이다.

존 밀러는 토론토 대학교 교육 대학원(Ontario Institute for Studies in Education), 교육과정, 교수, 학습(Department of Curriculum, Teaching and Learning)부의 교수이다.

차례

전 ı 인 ı 아 ı 동 ı 교 ı 육

제1장

전인 아동 교육

이성의 발달과 함께 … 아이들의 신체적이고
영적인 측면이 동시에 … 분리되지 않는 전체를 이룬다.
_ 간디(Gandhi, 1980)

지난 25년 동안 교육 개혁은 학생들의 성취를 향상시킨다는 이유로 테스트에 초점을 두어왔다. 이와 같은 맥락에서 미국의 경우 '낙오자 없는 교육(No Child Left Behind, NCLB)' 정책이 입법화되었다. 린다 펄슈타인(Linda Perlstein, 2007)은 『Tested』에서 메릴랜드 지역의 한 학교가 어떻게 이 정책의 요구에 부응하고 있는지를 냉정하게 보여준다. 학교의 거의 모든 일과가 3월에 시행되는 메릴랜드 학교 평가(MSA)를 준비하기 위해 운영되고 있었다. 다음은 그 학교의 전형적인 하루 시간표다.

8:45 - 10:00	모의 MSA
10:00 - 11:40	시 한 편의 어조를 파악하기
	광고의 중요성을 파악하기
	연설을 구성하는 부분들을 고찰하기

11:40 - 12:20 점심과 휴식

12:30 - 1:50 언어 과목들

1:50 - 2:25 픽션 텍스트 하나를 요약(Perlstein, 2007, p. 179)

교사들은 과학, 사회 같은 과목들의 교수 시간이 거의 없다고 불평하고 있으며, 예술 과목들은 완전히 주변으로 밀렸다. 이 교육과정은 아동을 전인으로 교육하는 것을 전혀 시도하지 않고 있다. 이를 간디(Gandhi, 1980)의 교육 개념과 비교해 보라.

> 지적인 발달을 위한 참교육은 신체적인 기관들(손, 발, 눈, 귀, 코 등과 같은)의 적절한 훈련과 연습을 통해서만 가능하다고 본다. 다시 말해 신체 기관의 지능적 사용이 한 아이의 지적 발달을 가져오는 가장 좋은 그리고 가장 빠른 방법이다. 그러나 몸과 이성의 발달이 이에 상응하는 영혼을 일깨우는 일과 병행되지 못한다면 그것은 매우 빈곤하게 한쪽으로 치우친 일이 되고 말 것이다. 나는 영적 훈련을 마음의 교육(education of the heart)이라 말하고 싶다. 그러므로 적절하고 균형 있는 이성의 발달은 한 아이의 신체적, 영적인 역량을 자양하는 교육과 보조를 맞추어(pari passu) 나아갈 때에만 발생할 수 있다. 그것들 모두가 한 전인을 구성하는 요소이기 때문이다. 이러한 이론에 비추어볼 때, 몸과 이성과 영이 단편적으로 혹은 각각 분리되어 발달할 수 있다고 가정하는 것은 매우 심각한 오류이다(p. 138).

불행하게도 대부분 국가의 교육 부처들은 간디의 견해를 따르기보다는 단편적인 접근을 행하고 있으며 그 결과는 실로 재앙수준에 이른다. 교육 제도들은 상호 연결(connectedness)보다는 단편화(fragmentation)

를 강화하고 있다. 이로써 이러한 교육 제도들은 부패한 기업, 정치인들과 정치 과정에 대한 깊은 불신, 환경의 파괴, 그리고 물질주의와 소비에 기초한 삶의 방식으로 어우러진 세상의 한 부분을 이루게 되었다. 분별 있게 교육적 책무(accountability)에 접근하기보다는 테스트 결과에 집착함으로써 단편화와 소외(alienation)의 양상들은 더욱더 심각해지고 만연하게 되었다.

대부분의 교사들은 책무 측정의 중요성을 믿고 있다. 하지만 미국의 한 조사 내용을 보면 단지 18퍼센트의 교사들만이 자신들이 집행해야 하였던 테스트들이 유용하다고 답하였다. 이런 환경 속에서 창의적인 교사는 좌절하게 된다. 학생들은 마치 압력밥솥과 같은 환경 속에서 독서 기술들에 집중하여 상당한 정도의 읽기 이해력을 습득하겠지만 종국에는 읽는 것 자체를 싫어하게 될 것이다. 교사들 사이에 널리 유포되었던 시 한 편이 있는데, 이는 2학년 아이들이 '의학 서적을 이해할 수 있고, 막힘 없이 소리 내어 읽으며, 예정보다 앞서서 모든 학습지를 끝냈지만 … 읽는 것을 증오한다'는 내용이다(Perlstein, 2007, p. 82). 교사들은 이제 더 이상은 정말로 가르칠 수 없다고 불평한다. 한 교사는 "나는 전에는 아이들에게 읽기를 가르치곤 하였다"고 펄슈타인에게 말하였다(p. 98). 교사들은 '공개 법정'(Open Court)과 같이 빽빽하게 쓰인 원고를 읽도록 하는 독서 프로그램들을 따르도록 강요받는다. 그 결과로 학교는 '아이들을 점점 더 수동적으로 만들게 된다'고 사회학자 캐시 허쉬-파섹(Kathy Hirsh-Pasek)은 염려하고 있다(Perlstein, 2007, p. 133에서 인용).

펄슈타인은 현재 유치원 학생들에게는 주요 테스트가 없기 때문에 교사들이 아이들의 필요에 맞게 교육과정을 조절하는 기회를 갖게 된다는 것을 발견하였다. 하지만 여전히 메릴랜드의 유치원 학생들에게 다음과 같은 학습 표준이 제시되고 있음을 고려하라: '패턴과 기능적 관계들과 관계된 수학문제나 실생활 문제를 대수적으로(algebraically) 표현하고, 모델을 만들고, 분석하며, 해결하기' 그리고 '구조와 에너지의 변화에 대한 예상 가능성을 지지하기 위해 과학적 기술들과 과정들을 사용하여 물질의 구성, 구조, 상호 작용을 설명하기'(Perlstein, 2007, p. 146에서 인용).

전인 아동 교육

교육자들과 학부모들은 분명 무언가 다른 접근을 원한다. 변화를 추구하는 가장 중요한 기구들 중 하나로 장학과 교육과정 개발 협회(Association for Supervision and Curriculum Development, ASCD)를 들 수 있다. 전 세계의 175,000여 명의 교육자들로 조직된 협회로 전인 아동(whole child)을 교육하는 것을 최우선 과제로 표명하고 있다. 이 협회의 연례 학회와 여기서 출간하는 학술지인 「Educational Leadership」이 3호에 걸쳐 전인 아동을 중점적으로 다루었다. 또한 WWW.WHOLECHILDEDUCATION.ORG라는 웹사이트가 있다.

영국도 마찬가지로 테스트에 심취해 있지만 보다 희망적인 조짐들도 있다. 교육 기술부(The Department of Education and Skills)가 왈도르프 학교들(Waldorf Schools)에 대한 연구를 의뢰하였고, 이 학교들이 공교육에 크게 이바지하였다고 결론을 내렸다—특히 '아동 발달에 대한 통전적 접근, 영적 가치들의 중요성, 그리고 협의적 방식의 운영' 등을 높게 평가하였다(Jackson, 2007, p. 17). 그 결과 정부는 루돌프 슈타이너(Rudolf Steiner)의 원칙들에 근거하는 것으로 국가가 후원하는 첫 번째 학교를 설립하게 되었다. 또한 정부는 리버풀의 한 도심 학교가 몬테소리 학교로 전환하는 것을 허락하였다(p. 17).

이와 함께 영국의 교육 기술부는 서부 유럽의 국가들(덴마크, 네덜란드, 독일)이 채용하고 있는 돌봄과 교육 모델들에 관심을 보였다. 이 모델은 학습(learng), 보육(child care) 그리고 양육(upbringing)의 상호 연관성을 강조하는 특징이 있다. "이러한 모델에서 아동은 사회적 존재로 인식되어 타인들 그리고 자신의 독특한 경험들과 지식에 연결된다"고 잭슨은 서술하고 있다(2007, p. 18).

일본과 한국에서도 홀리스틱 교육에 관심을 가진 교육자들의 모임이 형성되었다. 일본의 경우 슈타이너 교육이 교육부로부터 인가받지는 못하였지만 현재 다섯 개의 왈도르프 학교가 있고 세 개가 더 계획 중이다. 이는 모두 지난 10년 사이에 일어난 일이다.

내가 살고 있는 토론토에는 세개의 대안 학교가 홀리스틱 교육 비전을 지향하고 있는데 지난 2009년 가을에 토론토 교육청(TDSB) 관할하에 시작되었다. 나는 그 중 홀 차일드 학교(The Whole Child School)라 불리는 학교와 관계를 맺고 있다. 이 학교의 교육과정의 틀은 내가 저술한 『홀리스틱 교육과정』(WWW.WHOLECHILDSCHOOL.CA)에 적지 않게 토대를 두고 있다. 유치원부터 5학년까지 160명 정원이었는데 320명의 원서가 접수되었다. 이 책의 마지막 장에서 이 학교에 관해 좀 더 자세히 서술하려 한다.

끝으로 부탄은 국민 총 행복(Gross National Happiness)에 교육의 목적을 두고 홀리스틱 교육 원칙들 위에서 교육 제도의 초석을 다지고자 노력을 기울이는 나라이다. 정부는 세계 각지의 교육자들을 초청하여 이러한 과정에 착수하는 것을 도와줄 것을 요청하였다(Miller, 2010).

상호 의존 운동

앞서 서부 유럽이나 간디의 사상에서 살펴보았듯이 교육은 상호 의존에 기초하여야 한다. 폴 허큰(Paul Hawken)은 저서『Blessed Unrest』에서 인터넷은 마치 면역 체계가 작동하는 방식과 유사하게 개인과 집단이 함께 일하는 능력을 촉진하였다고 말하고 있다. 그러면서 지구상의 수백만에 이르는 그러한 그룹들이 더 나은 세상을 창출하기 위해 어떻게 일하는지를 기술하고 있다. 비록 모두가 독립적으로 일하고 있지만, 이 그룹들은 공유하고 있는 가치들로 인해 서로에게 이완적으로(loosely) 연결되어 있다. 그 공유된 가치들 중 두 가지는 황금률(the Golden Rule)과 신성감(a sense of the sacred)이다. 이 협력 활동은 '정치적 부패, 경제적 탐욕, 질병과 생태계 파괴와 같은 독소들에 대한 인류애적 저항으로 여겨질 수 있다'. 한 평론가는 이런 현상의 일련 과정을 다음과 같은 예를 통해 제시하였다.

> 올해 1월 우리 일곱 명 — 미들버리(Middlebury) 칼리지를 막 졸업한 나와 또다른 신참 졸업생 여섯 — 은 stepitup07.org라는 웹사이트를 개설하고 국회에 탄소가스 배출 허용량의 과감한 감축을 요구하는 것을 목적으로 하는 회합을 4월 14일에 가지기로 하였다. … 지인들에게 먼저 이메일을 보냈고 그들은 그것을 다른 이들에게 지속적으로 전달하였다. 11주쯤 지나 우리는 50개 주에 살고 있는 1,400명의 시위자들을 모집하게 이르렀는데, 이는 1970년 지구의 날 이래 가장 큰 시민 환경 운동의 하나가 되었다. … 우리 모두는 일종의 항체 역할을 하였다고 나는 자부한다. 우리의 시위가 시작된 지 몇 주가 지나지 않아 모든 민주당 대통령 후보들은 2050년까지 탄소 배출의 80퍼센트를 줄이자는 우리의 급진적인 목표를 지지하게 되었다(McKibben, 2007, p. 89).

학부모들이 변화와 대안을 위해 그룹들을 조직하는 토론토의 홀 차일드 학교가 선취적으로 보여 주듯이 이런 유형의 민초 운동(grass-roots movement)은 교육에서도 볼 수 있다.

아마도 상호 의존 운동의 가장 강력한 이미지는 달에서 본 지구의 사진이 아닐까 한다. 이 사진은 수갈래의 감흥을 일으킨다. 우선, 우주의 새까만 배경 위에 존재하는 지구를 보고 있노라면 경외감과 놀라움이 잦아드는데 이는 한밤중에 수만의 별들을 보고 있을 때와 같은 느낌이다.

또 다른 느낌은 지구야말로 얼마나 연약하고 소중한 존재인가 하는 것이다. 이 취약성의 느낌은 곧 지구를 잘 돌보아야 한다는 바람으로 전이된다. 지구를 물건으로 취급하여 마구잡이로 자원을 소모하는 일을 더 이상 해서는 안 된다. 러시아 우주 비행사 알렉산더 알렉산드로프(Aleksandr Aleksandrov)는 이런 말을 하였다: “우리가 지구의 자녀들이라는 것이 나를 놀라게 합니다. 당신이 어느 나라를 바라보든 상관없어요. 우리는 모두 지구의 자식들이기 때문에 지구를 우리의 어머니로 대해야만 합니다”(Kelley, 1988, p. 110에서 인용).

미국의 우주 비행사 러셀 슈바이카트(Russell Schweickart)도 우주 비행에서 돌아와 이런 글을 남겼다: “당신이 돌아오면 당신과 지구, 그리고 당신과 지구의 모든 다른 생명체들과의 관계가 달라질 것입니다. 왜냐하면 그런 류의 경험을 하였기 때문이죠”(Kelley, 1988, p. 144에서 인용). 달의 사진을 보고 있으면 마샬 맥루한(Marshall McLuhan)이 ‘지구촌’이라고 하였던 이미지가 떠오른다. 인터넷과 빠른 의사소통 체계를 통해 지구는 나날이 더욱더 작아지고 있다.

지구의 이미지와 그 위에서 사람들과 그룹들이 서로를 연결하고자 하는 노력은 교육을 통전적으로(holistically) 접근해야 하는 새로운 지평을 제공해 준다.

전체로부터 가르치기

인간의 통전성(human wholeness)에 대한 식견은 원주민들의 삶에서부터 추적해볼 수 있는데 그들은 자신들을 전체 혹은 상호 관계망의 부분이라 여겼다. 그리스나 로마인들도 '전체'(the Whole)라는 말을 언급하였다. 로마 황제 마르쿠스 아우렐리우스(Marcus Aurelius, 1997)는 다음과 같이 말하였다: "무엇이 전체의 본질이며, 무엇이 나의 본질인지, 나의 본질은 전체의 본질과 어떤 연관이 있는가를 너는 언제나 마음에 두어야 할 것이다"(p. 9). 동양의 사상(도교, 불교, 힌두교, 유교 등)도 통전적 성격을 지닌다. 에카르트 톨레(Eckhart Tolle)는 "전체란 존재하는 모든 것이다. 세계일 수도 우주일 수도 있다. 그러나 존재하는 모든 것은 미생물로부터 인간 그리고 은하계에 이르기까지 분리된 것이 아니며 상호 연결된 다면적 과정들의 망(a web of interconnected multidimensional processes)의 일부다"라고 서술하고 있다(p. 275-6).

전체를 보는 것 혹은 그 전체의 부분임을 지각하는 것은 인간 경험 세계의 통상적인 일이다. 우리는 모든 것들과 친밀한 관계성 속에서 우리 자신들을 보게 된다. 많은 사람들이 자연 속에서, 음악을 들으면서, 가족 안에서, 혹은 아이들이 노는 것을 보면서 이런 경험을 하게 된다.

이런 경험을 하면서 우리는 우주와 세계 속에서 우리 자신의 자리를 보게 되고, 목적 의식을 가지게 된다. 마리아 몬테소리(Maria Montessori)는 이 과정을 **우주적 교육**(cosmic education)이라 불렀다; 이는 교사와 학생 모두가 함께 관여하게 되는 과정이다. 또한 우리로 하여금 아이들을 전인 아동으로 바라보도록 돕는다.

전인 아동 교육은 전인 아동(몸과 이성과 영성)을 배양하고 나아가 그를 주변의 공동체와 세상 전반에 연결시키는 것이다.

전인 아동

간디는 교육을 정의 내리면서 아이들은 머리와 손, 가슴(head, hands, heart)을 지녀야 한다고 하였다; 우리는 이를 몸, 이성, 영(body, mind, spirit)이라 이름 붙일 수 있다. '낙오자 없는 교육'(NCLB) 정책이나 테스트 중심의 교육과정은 이성만을 강조하기 일쑤다. 이러한 경향은 또 기본적인 기술 연마에 국한되기 쉽고 창조적이며 비평적인 사고를 다루기도 힘들다. 하워드 가드너(Harward Gardner, 1983)는 아주 폭넓은 접근으로 이성(mind)을 이해하는데, 이는 가르치고 배우는 일에 시사하는 바가 크다. 그의 여덟 가지 지능은 여러 가지 사고 유형을 포함한다(예를 들면, 논리-수학적, 언어적, 공간적, 음악적 유형 등). 전인 아동을 가르친다고 할 때 여타의 교육처럼 읽기와 쓰기 기술의 발달을 시도하지만 기계적인 방식으로서가 아니다. 궁극적인 목적은 아이들이 읽는 것을 사랑하게 만드는 데 있다. 앞서 말하였듯이 기계적인 방식만으로는 오히려 아이들로 하여금 읽기와 쓰기를 증오하게 만들 수 있다.

아이들은 성숙해 가면서 **비평적이며 창의적 사고 능력**을 필요로 한다. 그들은 삶에서 부딪치는 문제들을 해결할 수 있다; 의문을 제기하고 탐구할 수 있다. 어린아이들이 세상에 대해 자연스러운 호기심을 보이는 것은 늘상 발생하는 일이지 않은가! 이러한 호기심은 교육 전반을 통해 배양되어야만 한다. "우리가 경험할 수 있는 가장 아름다운 감정은 신비로움입니다. 이것은 참다운 예술과 과학의 요람에서 마주치는 근본적인 감정이죠"라고 아인슈타인은 말하였다(Issacson, 2007, p. 387에서 인용). "이런 감정에 낯설거나, 더 이상 경외감에 사로잡혀 놀라고 넋나간 사람처럼 멈추어 설 수 없는 사람은 죽은 사람이나 다름없어요. 꺼진 촛불이나 진배없는 것이죠"라고 그는 덧붙인다. 테스트로 가득한 교육과정에서 이런 신비로움, 경외감, 경탄을 경험할 자리가 있겠는가?

아인슈타인에게 '종교'는 우주의 아름다움과 질서를 감지하는 것과 다름없었다. 전인 아동 교육의 두 번째 국면은 모든 사람은 그 안에 신비로운 무엇인가를 지니고 있다는 사실을 인정하는 것이다. 우리는 종종 이것을 **영혼, 내적 생명, 혹은 창조적 불꽃**(the soul, the inner life, or the creative spark)이라 부른다. 에머슨(Emerson, 1982)은 "교육이란 영혼(the Soul)을 밖으로 끄집어 내는 것"이라 하였다(p. 80). 이를 나는 각각의 아동 속에는 창조적인 불꽃이 있음을 말해주는 것으로 이해한다. 아이들 속에 있는 이것을 어떻게 자양시켜 줄 수 있을까? 도움이 될 만한 몇 가지 기법들이 있으며 이 책에서 그것들에 대해 논의해 보겠지만, 가장 큰 힘은 아마도 사랑이 가득한 교사의 현존(the loving presence of the teacher)일 게다. 간디와 마틴 루터 킹은 사랑이 우주의 중심에 있으며 이같이 교육의 심장에 자리해야 한다고 말하였다. 교사들이 학생들을 위해 **현장**(there)에 온전히 함께할 때, 학생들은 그들의 배려(at-tentiveness)와 돌봄(care)을 느낄 수 있다. 우리는 어떻게 한 돌보는 교사(a caring teacher)가 학생에게 감흥을 주고, 학생의 삶을 변화시키는 그 내적 불꽃을 어루만지는 바로 **그 사람**(the person)인가에 대한 이야기들을 종종 접해왔다.

끝으로 우리는 **몸**(body)의 중요성을 무시해서는 안 된다. 작금의 현대 문화 속에서 몸에 관한 적절치 못한 사례들은 아주 많다. 얼마나 많은 아이들이 과체중과 비만을 앓고 있는지 접하게 되고 또 한편에서는 식이 장애로 고생하는 여성의 고통을 통감하기도 한다. 몸의 중요성을 인식하는 것은 전인 아동 교육의 마지막 조각이다. 왈도르프 교육에서 아이들이 목공 활동을 하듯이 손의 사용을 돕는 활동들로 교육을 시작할 수 있다. 어린아이들은 게임, 음악, 스포츠 등을 통해 **움직이는 것**이 필요하다. 요가도 모든 연령의 아이들에게 몸과 조화로운 관계를 발달시키는 데 유익하기에 학교에서 점점 더 많이 사용되고 있다. 일상 생활 속에서 마음을 다하는(mindfulness) 법을 배우는 것 또한 학생들과 교사들로 하여금 자신들의 몸과 재결합하도록 돕는 간단한 방법이 될 수 있다. 하루 중 단 몇 번의 깊은 숨을 들이마시고 내쉬는 연습도 우리로 하여금 몸에 정주하는 것을 도울 수 있다. 이렇듯 전인 아동 교육은 체득 학습(embodied learning)을 강조하는 교육이며, 이에 대한 자세한 것은 통전적 교육과정을 다루는 장에서 논의하기로 한다.

전인 교수

전인 아동 교육은 전인 교수(whole teaching)를 요청한다. 학생들의 머리, 손, 가슴을 아우르는 교육을 해야 하기 때문에, 이러한 다른 영역들을 적합하게 다루는 광범위한 교수 방식이 필요하다. 다음 장에서 세 가지 기본적인 접근 방식을 망라해볼 텐데 이 세 가지 접근이 함께 사용될 때 비로소 전인 아동 교육을 할 수 있게 되는 것이다. 이 책의 중심 과제 중 하나는 아동을 '분리되지 않는 전체'(indivisible whole)로 보고 가르치는 교수법에 포괄적으로 접근해 보는 것이다. 구체적으로 말하면, 교사들이 어떻게 세 가지 교수 학습 접근 방식을 이용하고 통합해 가는지에 초점을 둘 것이다: 세 가지 접근이란 전수(transmission), 상호작용(transaction), 변화(transformation)를 추구하는 교수 방식을 말한다. 내가 의미하는 통전적 교수는 이 세 가지를 통합하여 사용하는 것이다. 잠시 간략하게 이 세 가지 접근을 살펴보자.

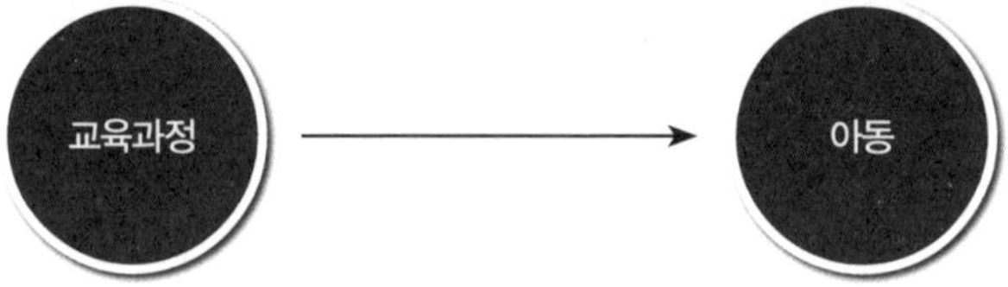

그림 1.1 전수식 교수 입장

전수식 교수

전수식 교수 접근에서는 학생들을 지식과 기술을 수용하고 축적하는 존재로, 학습은 주로 교과서를 읽거나 교사의 설명을 들을 때 발생한다고 본다. 전수식 교수는 일반적으로 특별한 기술을 배우기 시작할 때 사용된다.

일례로, 운전을 하려면 우선 운전 지침서를 공부하여 기본적인 수칙을 습득해서 필기 시험을 준비해야 한다.

한 아이가 기술을 습득하려 할 때 전수식 교수법은 주로 모방과 반복을 이용한다. 어린아이가 부모의 말을 모방함으로써 말하기를 배우고, 골프 공을 치는 것과 같은 운동 기술을 배울 때도 코치를 유심히 보고 계속 따라 하며 한 가지 기술을 반복한다.

전수식 입장은 긴 역사를 가지고 있는데 크게 두 가지 흐름을 보인다. 그 첫째는 행동주의 방식이며; 둘째는 전통적인 방식으로 표준화된 과목들을 공부하는 것이다(예를 들면 강의나 암송). 어떤 경우든 아이와 교육과정의 관계는 그림 1.1처럼 묘사될 수 있다.

행동주의적 흐름에서는 이 둘의 관계가 자극과 반응(S-R)으로 알려져 있고, 전통적인 교과 교육과정에서는 교사와 교과서가 학생들에게 정보를 전달하는 식의 관계다. 두 경우 모두 일방적인 방향성을 가진 기

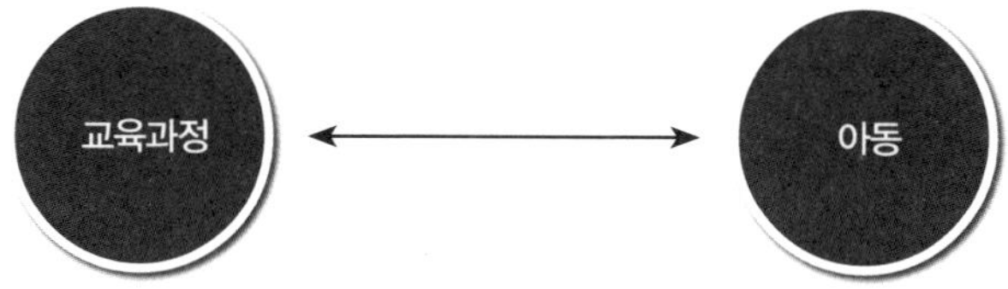

그림 1.2 상호 작용식 교수 입장

술과 지식의 전수가 주된 관심사이며, 분석하고 숙고하는 기회들은 거의 주어지지 않는다.

평가에 대해서도 전수식 교수 입장은 지필 고사와 표준화된 시험을 통해 학생들이 교과 항목들을 통달하였는지 측정하는 데 주력한다.

상호 작용식 교수

상호 작용식 교수는 말 그대로 상호 작용을 보다 중시한다. 하지만 그것은 대부분 인지적 측면에 머무르는 특징이 있다. 상호 작용식 학습 모델에서 학생들은 문제를 해결하거나(problem solving) 일종의 탐구(inquiry)를 수행하게 된다. 지식은 작은 단위들 속에 고정되어 있지 않고 변화하며 조작될 수도 있다고 여긴다. 과학적 방법이 상호 학습을 위한 모델로서 유용하게 사용된다. 존 듀이(John Dewey, 1938/1969)는 과학적 방법만이 '우리가 살고 있는 세상에 대한 매일의 경험들이 지닌 의미를 알게 하는 우리가 활용할 수 있는 유일하며 참다운 도구'라고 말하였다(p. 88).

그림 1.2에서 보듯이 상호적 입장은 교사와 학생 간 대화를 강조한다는 특성을 지닌다. 그러나 여기서 대화란 인지적 상호 작용에 주력하

는 것이며, 종합보다는 분석에, 감정보다는 사고에 치중한다. 상호 작용 입장에 바탕을 둔 교수 모델들은 또한 탐구와 문제 해결에 필요한 몇몇 절차들을 명시한다. 때때로 이러한 절차들은 물리나 역사와 같은 특정 과목에 근거를 두기도 하고, 여러 사고 기술 모델들(thinking skills models)에서 발견된 것을 일반화한 것이기도 하다. 학습자는 보통 합리적이며 지적 행동이 가능한 자 혹은 **문제 해결자**(problem solver)로서 이해된다.

변화적 입장

변화적 학습은 아동의 전인성(wholeness)을 인정하며, 교육과정과 아동 사이를 더 이상 분리된 것으로 보지 않고 서로 연결된 것으로 간주한다. 학습자를 학습 능력이나 사고 기술 단위로 축소하지 않고 전인(whole being)으로 인식한다. 학생들을 전인보다 덜한 무엇으로 여긴다면 진정한 학습의 기회가 줄어든다고 믿는다. 이 입장에서 가르치는 교사는 창의적인 문제 해결 방법, 이야기 접근, 드라마, 역할 놀이와 같이 학생들이 다양한 유형의 연결을 맺도록 장려하는 전략들을 사용할 것이다. 이러한 연결들은 학습이 학생에게 개인적으로 그리고 사회적으로 의미 있는 일이 되게 한다(그림 1.3을 보라).

그림 1.3 변화적 입장

변화적 입장의 가장 주된 특징 중 하나는 학생들의 내적인 삶(the inner life)과 어떻게 그것을 자양할 수 있는가를 인식하는 것이다.

이어지는 두 장에서 위의 세 가지 입장들을 활용하는 방식들에 대해서 자세히 논의하려 한다. 전인 교수(whole teaching)는 전인 아동(the whole person)을 양성하기 위해 이 세 가지 접근을 모두 사용한다. 변화적 입장이 보다 분명히 전인 아동을 다루겠지만 나머지 두 접근들도 전인 아동 교육에서 함께 사용되어야 할 것이다.

전인 교육과정

전인 교육과정은 하나의 **연결된**(connected) 교육과정이다. 이는 과목들과 다양한 사고 양상들의 관계를 조성하고 공동체를 설립해 나간다. 또한 지구와 우리의 관계, 그리고 그 관계를 만들어 가는 과정들에 깊이를 더하며, 몸과 이성을 연결하고, 아이들의 내적인 삶을 중시한다. 우주와 세상이 모든 차원에서 서로 연관되어 있다고 한다면, 교육과정은 관계들에 초점을 둠으로써 이 상호 연관성(interconnectedness)을 반영하고, 그렇게 함으로써 아이들은 그 관계들을 볼 수 있게 되며, 나아가 필요하다면 그 관계들에 변화를 가져올 수 있어야 한다.

4장에서는 전인 교육과정의 기본 특성들을 개관적으로 살피고 전인 아동 교육을 위한 교육과정들을 개발하는 데 도움이 되는 하나의 틀을 제시하려 한다.

전인 학교

전인 학교는 일종의 공동체다. 이는 마틴 루터 킹(Martin Luther King, Jr.)이 사랑의 공동체(Beloved Community)라고 부른 것과 같다. 사랑의 공동체란 사랑과 정의가 넘치는 곳이다. 징 린(Jing Lin, 2006)은 우리들의 학교 안에 어떻게 이런 공동체를 발전시킬 수 있는지에 대해 피력하였다. 이런 학교에서는 지도자의 역할(leadership)이 대단히 중요하기 때문에 교장들의 역할과 교직원 개발을 돕는 실제들을 5장에서 다루기로 한다.

전인 교사

전인 학교의 결정적 요소는 전인 교사다. 전인 아동을 가르치려 할 때 전인적 교사들이 필요한 것은 당연하다. 전인 교사는 자신의 몸과 이성과 영성을 돌보는 자를 말하며, 수련함으로써 자신을 더 전인적으로 만들어 가는 교사다. 전인 교사의 자기 수련에는 자신의 교수 방식에 대한 성찰, 다양한 방식의 신체 활동, 그리고 명상(meditation)과 같이 내적인 삶을 풍성하게 해주는 관조적 활동(contemplative practices)이 포함된다. 나는 지난 20여 년간 2,000명 이상의 교사들에게 관조적 활동을 소개해 왔다. 그 중 몇 가지를 6장에서 설명하려 한다.

홀 차일드 학교

홀 차일드 학교는 2009년 토론토에서 시작되었으며 이 학교 교육과정의 틀은 내가 저술한 『홀리스틱 교육과정』과 지금 이 책의 제안들(ideas)에 부분적으로 기초하고 있다. 7장에서는 그 학교의 발달과 틀을 소개하며 이 책이 발의하는 몇몇 제안들이 거기에서 어떻게 실현되고 있는지를 살펴볼 것이다.

요약

전인 아동 교육은 전인 교수, 전인 교육과정, 전인 학교 그리고 전인 교사를 필요로 한다. 전인 아동 교육이 행정가들과 교사들에게 도전이 되고는 있지만, 학생들이 자신의 존재와 배움을 즐기는 학교를 창출하도록 도울 수 있다. 전인 아동 교육의 목적은 생각하고, 느끼고, 행동하는 아동들과 청소년들을 발달시키고, 또한 그들의 몸과 영혼이 잘 자양되도록 하는 데 있다.

참 | 고 | 문 | 헌

Aurelius, M.(1997). *Meditation*. Mineola, NY: Dover.

Dewey, J.(1938/1969). *Experience and education*. New York: Macmillan/Collier.

Emerson, R.W.(1982). *Emerson in his journals*. J. Porte(Ed.). Cambridge, MA: Belknap Press.

Gandhi, M.(1980). *All men are brothers : Autobiogaphical reflections*. Krishna Kriplanai(Ed.). New York : Continuum.

Gardner, H.(1983). *Frames of mind: The theory of multiple intelligences*. New

York: Basic Books.

Hawken, P. (2007). *Blessed unrest: How the largest movement in the world came into being and why no one saw it coming.* New York: Viking.

Isaacson, W.(2007). *Einstein: His life and universe.* New York: Simon and Schuster.

Jackson, R.(2007). Hard times: Utilitarian education in England. *Encounter, 20,* 16-20.

Kelley, K. W.(Ed.)(1988). *The home planet.* Reading, MA: Addison-Wesley.

Lin, J.(2006). *Love, peace and wisdom in educationl A vision for education in the 21st century.* Lanham, MD: Rowan and Littlefield Education.

McKibben, B.(2007). The interdependence revolution. *Shambhala Sun,* 13(2), 87-91.

Miller, J.(2007). *The holistic curriculum.* 2nd ed. Toronto: University of Toronto Press.

Miller, J.(2010). Educating for gross national happiness. Unpublished paper.

Perlstein, L.(2007). *Tested: One American school struggles to make the grade.* New York: Henry Holt.

Tolle, E.(2005). *A new earth: Awakening to your life's purpose.* New York: Dutton.

제2장

세 가지 교수 접근: 전수, 상호 작용, 변화

전인 아동을 가르치기 위해서는 넓은 범위의 교수 전략들을 필요로 한다. 몇 가지 제한된 것들에 국한되면, 우리는 아이들의 머리, 손, 가슴을 온전히 연결하지 못하게 될 것이다.

이번 장에서는 앞 장에서 간략하게 소개한 세 가지 접근 방식들을 보다 면밀히 논의하고자 한다. 그 전에 **접근**(approach), **방향**(orientation), **입장**(position)과 같은 단어들을 여기서는 상호 교환적으로 사용한다는 것을 밝혀둔다. 이러한 단어들은 어떤 것을 취하든 교사는 **특정의 세계관에 뿌리를 둔 교수 방식을 자신의 기본 자세**(basic stance)로 취하게 됨을 가리키는 말들이다. 아래의 각 단락의 첫 부분은 해당 입장의 전형(paradigm)을 기술하고(각 입장에 대한 철학적 근거들에 대해서는 밀러와 셀러가 공저한 책(Miller & Seller, 1985)에 보다 자세한 설명이 있다), 그 입장이 지향하는 목표, 교수 전략, 평가 방법 순으로 나열하기로 하겠다. 각 입장과 관계있는 모든 교수 접근들을 다루는 것이 불가능하기 때문에 하나의 입장마다 세 가지 교수 전략만을 다룰 것이다. 다시 말해, 이번 장의 목적은 각 방향에 대한 기본적인 인지와 이해를 취득하는 데에 있는 것이지 관련된 모든 전략들을 섭렵하는 데 있지 않다.

전인 아동을 가르치기 위해서는 이 세 가지 입장들이 모두 사용되어야 한다. 그래서 다음 장에는 교사들이 어떻게 그것들을 통전적 방식으로 사용할 수 있는지 실례들을 보여줄 것이다. 우리는 교육자들 사이에 몇 가지 이데올로기적 분쟁이 있음을 주시해 왔다. 전통주의자 대 진보주의자, 통전적 언어(whole language) 교수법 대 발음 중심 언어 교수법(phonics) 같은 것이 예가 된다. 이제 우리의 관심은 우리를 옭아매고 있는 이데올로기가 아니라 실제로 작동하는 제안들(ideas)에 있다. 궁극적으로는 모든 학생들에게 다가갈 수 있는 포괄적인 접근(inclusvie approach)을 지향해 나가야 한다.

전수식 교수

전수식 교수 입장은 사실, 기술, 가치를 학생들에게 전수하는 데에서 교육의 주된 기능을 찾는다. 전통적인 교수 방식을 통해 전통적인 학과목을 통달하는 것, 특히 교과서를 통한 학습과 기본 기술의 습득, 그리고 문화적 가치와 풍습의 터득 등을 특히 강조한다. 마지막으로 든 목표는 교육이 '문화 전쟁'(cultural wars)의 일부가 되면서 무엇을 교육과정으로 인정할 것인지의 문제와 연결하여 상당한 의견 대립을 낳고 있다. 전수식 교수 방향은 순차적 학습 접근(a sequential approach to learning)을 자주 선택하며 이에 따라 기술 습득은 단계별 순차(a step by step sequence)로 진행된다.

근본적인 전형(paradigm)은 원자론(atomism)이다. 실재(reality)는 개별적으로 분리되어 있는 벽돌들과 같다. 정보와 개념은 학생들이 보다 쉽게 학습할 수 있도록 작고 다루기 용이한 단위들로 나뉠 수 있다고 믿는다.

전수로서의 교수는 오랜 역사를 지니고 있으며 지금도 많은 사람들이 가장 좋고 효과적인 교수 방법이라 추앙하고 있다.

목표

- 내용을 중점으로 하여 학과목을 통달하는 것. 교육과정은 전통적인 학과목에 치중한다.
- 읽기, 쓰기, 셈하기 등 기본적인 기술을 습득하는 것
- 기본적 문화적 가치들을 채택하는 것

교수 학습 전략

완전 학습

완전 학습은 지난 40여 년간 여러 교육자들(Carroll, 1963; Bloom, 1981; Gallagher and Pearson, 1989; Ritchie and Thorkildsen, 1994; Davis and Sorrell, 1995)의 지지를 받아왔다. 완전 학습의 개념은 1920년경 와쉬번(Washbourne)에 의해(Block, 1971) 처음으로 소개되었지만 가장 대표적인 지지자는 블룸(Bloom, 1981)이다.

완전 학습은 무엇보다 교과목을 특정한 목적이나 결과에 따라 작은 단원으로 나눈다. 학생들은 그 목표들을 달성하기 위해 혼자서 혹은 그룹에서 공부하게 되는데, 다음 단원으로 넘어가려면 미리 정해진 기

준들을 충족해야 한다. 학습 자료의 80퍼센트를 통달해야만 보통 성공한 것으로 간주한다.

개인차란 '한 개인 속에 고정되어 있는 것이라기보다는 인위적으로 만들어낸 것이고 우연히 일어나는 것'이라는 주장에 기초하여 블룸(1981)은 학습을 다음과 같이 결론 짓는다: "세상에서 누군가가 배울 수 있는 것이라면, 이전과 현재의 학습 조건을 적절하게 제공해 주면, 거의 모든 사람이 그것을 배울 수 있다"(p. 136). 블룸은 95퍼센트에 이르는 학생들이 요구되는 학과목을 통달할 수 있다고 주장하였다. 완전 학습의 가장 중요한 변수 중 하나가 시간이다. 이는 과제들을 통달하는 데에 완전 학습 학급이 관례적인 학급보다 보통10에서 15퍼센트의 시간을 더 필요로 하기 때문이다. 블룸은 다음과 같은 캐롤(Carroll, 1963)의 말을 인용한다: "학습능력(aptitude)은 학습자가 학습 과제를 완전히 통달하는 데에 필요한 시간의 양일 뿐이다"(p. 157). 완전 학습을 위해서 학생들은 정정 피드백(corrective feedback)의 도움을 받게 되며, 실상 이것이 교사가 수행하는 가장 주된 책무 중 하나다.

완전 학습의 효과에 대한 폭넓은 연구들이 진행되어 왔다(Guskey and Pigott, 1988; Kulik, Kulik and Bangert-Downs, 1990). 이 학습 방법은 단시간에 끝나는 것이 아니라 지속적이라는 것이 연구 결과 중 하나다. 데이비스와 소렐(Davis and Sorrell, 1995)은 이런 연구들을 검토하면서 완전 학습법은 "기본 기술을 가르치기 위해, 그리고 초등, 중등 단계의 학습이 느린 학생들에게 가장 유용하다"고 결론 지었다(p. 1).

완전 학습은 진단 평가를 통하여 학생들이 무엇을 알고 있는지, 단원을 마치기 위해 더 필요한 것이 무엇인지를 살펴보는 것으로 시작할 수 있다. 그 다음은 학습 자료들을 작고 다루기 좋게 나누어 단계별로 지도한다. 따라서 진단 평가는 세밀한 교수 전략과 밀접하게 연결되어야 하고, 학생들은 두 명 혹은 세 명 가량의 그룹에서 가장 잘 학습한다고 블룸은 제안하고 있다.

시카고 지역에 운집한 공립 학교들을 위해 발전된 시카고 완전 학습 읽기 프로그램(the Chicago Mastery Learning Reading Program, CMLR)은 곧 캘리포니아, 오하이오, 미주리 주에서도 사용되었다. 특히 완전 학습법으로 만들어진 것은 아니지만 공개 법정(Open Court)과 같은 읽기 프로그램들도 학습 자료들을 다루기 편리한 단원으로 쪼개고 있다. "각 독서 단락은 기본적인 요소들(제목, 인물, 무대); 주요 사상과 … 메시지(흔히 "포기해서는 안 된다", "제목만으로 책을 판단할 수 없다"와 같은 것들), 그리고 늘 문제와 해결책 등으로 해체되고 있다"고 펄슈타인(Perlstein, 2007)은 언급한다(p. 76).

발음 중심 언어 교수법

발음 중심 언어 교수법은 읽기 학습을 위해 오랫동안 사용되어 왔다. 일례로 1683년에 출간된 『The New England Primer』에서 발음 중심 언어 교수법을 사용하였다. 스타렛(Starrett, 2007)에 따르면,

> 발음 중심 언어 교수법은 음소 식별(phonemic awareness) 혹은 말은 일련의 개별적 소리들이나 음소들(phonemes)로 구성된다는 이해 그리고 발성된 단어들을 이루는 개별적 소리들을 분별하는 능력을 포함한다.
>
> 발음 중심 언어 교수법에 대한 우리의 정의는 알파벳 순서 원칙에 대한 이해 혹은 단어를 이루는 각 자모가 특정한 소리를 대표한다는 인식을 포함한다. …
>
> 구조 분석(structural analysis) 또한 발음 중심 언어 교수법의 범주에 속하며 … 이는 공동의 근원을 가진 단어들을 구별시켜 주는 구조적인 변

화들을 살펴봄으로써 단어들과 그 의미들을 배우는 방법이기도 하다.

끝으로 여기서 정의된 발음 중심 언어 교수법은 분절법(syllabication)의 개념 혹은 보다 길고 알려지지 않은 단어들을 분절로 나누어 발성해 보고 의미에 도달하는 능력을 포함한다(p. 17).

스타렛은 발음 중심 언어 교수법은 친숙한 것에서 덜 친숙한 것으로, 간단한 것에서 복잡한 것으로 나아가야 한다고 제안한다. 또한 자음으로 시작하여 모음으로, 그런 다음 분절로 진행하라고 제안한다. 첫 번째 단계는 알파벳을 익히는 것인데, "지난 수년간의 연구는 알파벳을 익히는 것의 중요성을 견고하게 지지하고 있으며 이는 읽기를 배우는 데 있어 첫 번째 공식적 단계"라고 스타렛은 주장한다(p. 41). 그는 알파벳 학습 과정을 돕는 다음의 몇 가지 게임들을 제시한다: '알파벳 노래(Alphabet Song),' '알파벳 박스(Alphabet Box),' '알파벳 경주(Alphabet Race),' '단어 박스(Word Box),' '혀 운동'(Tongue Twisters), '단어 찾기(Word Search)'와 '학생 ABC 책'(Student ABC Books).

스타렛이 주장하는 균형 잡힌 읽기 프로그램은 단어 단위 접근법(whole word approach)도 포함하고 있다; 어떤 단어들(one, laugh, love와 같은)은 음성학적 분석에 맞지 않으며 따라서 단어 단위로 가르쳐야 한다. 그는 또한 통전적 언어 학습은 읽기 과정을 보다 넓은 견지로 확장할 수 있다고 믿는다. 그가 인용하고 있는 한 연구는 "대다수의 교사들은 초등학교 읽기 지도를 위해 균형 잡힌 절충적인 접근과 홀리스틱 원칙들과 실례들을 포용하고 있다"고 기술한다(p. 10).

발음 중심 언어 교수법은 전수 지향적 교수의 한 예가 되지만 전인 아동에 이르기 위해 다른 접근들과 연결될 수 있다.

문화적 문해력

에드워드 허쉬(Edward Hirsch, 1988; 2002)는 문화적 문해력을 주창한 대표적 인물 중 한 사람이다. 문화적 문해력은 공적 논의에서 당연시되는 문화에 대한 특정한 정보들을 학습하는 데 집중한다. 허쉬는 읽기 학습은 학생들이 지니고 있는 특정 정보에 의해 촉진된다고 주장한다. 우리가 이미 알고 있는 정보가 더 많이 배울 수 있는 기반을 제공해 준다는 빌딩 블럭 학습법(the building block approach to knowing)을 채택한다. 또한 그는 "읽기 능력은 광범위한 지식뿐만 아니라 공유된 지식에도 의존한다"고 말한다(p. xiii). 이 공유된 배경 지식이 허쉬가 부르는 '문화적 문해력'으로, '교육적, 경제적, 사회적 향상을 촉진하는 토대를 제공'한다(p. xiv). '읽고 쓰는 국어와 문화가 어니스트 젤너(Ernest Gellner)가 적절히 **학교가 전수한 문화들**(school transmitted cultures)이라 명한 것이라' 기술할 때 허쉬는 실제로 전수(transmission)라는 단어를 사용하고 있다(p. xiv). 국가는 문화를 전달하는 교사들을 의존하고 있다는 젤너의 믿음을 허쉬 또한 지지한다. 이것이 행해지지 않으면 '나라는 쇠퇴하게 된다'.

허쉬는 '전통적 역사, 신화, 문학'을 포함하는 전통적 과목 중심의 교육과정을 선호한다. 그는 '기술 지향적 프로그램'은 문화적 문해력의 쇠락을 가져왔으며, 이는 실로 '엄청난 실수'(mistake of monumental proportions)라고 믿는다. 허쉬는 일반적으로 공유된 문화적 지식이 조부모와 손자들, 남부인들과 중서부인들, 백인들과 흑인들, 아시아인들과 라틴 사람들, 그리고 보수당원들과 민주당원들 사이의 대화를 가능하게 한다고 믿고 있다(p. 5).

허쉬는 문화적 문해력에 필수적인 지식을 개괄하지만 이것을 전하는 교수 접근들에 대해서는 아무런 언급을 하지 않았다. 이 일은 교과서를 공부한다거나 교사들로부터 직접적인 지도를 통해서 가능하게 된다고 가정하였을 것이다.

분명 허쉬는 전통적 과목 중심의 교육과정을 선호하고 있다. 이 접근은 고대 그리스와 로마까지 거슬러 올라간다. 그리스에서는 두 영역으로 나누어진 일곱 개의 교양 과목을 가르쳤다: 트리비움(trivium: 문법, 수사학, 논리학)와 쿼드리비움(quadrivium: 산수, 기하학, 천문학, 음악). 허쉬는 모든 학생이 몇 개의 선택 과목을 공부해야만 하는 핵심 교육과정(core curriculum)을 지지한 것으로 보인다.

허쉬와 그의 동료들은 헨리 모리슨(Henry Morrison, 1871~1945)의 발자취를 따르고 있다. 모리슨은 뉴 햄프셔에서 공교육 주 감독관을 역임하였고 후에 시카고 대학의 교수가 되었다. 그는 초등학생들에게 읽기, 쓰기, 산수에 중점을 두는 과목 중심의 교육과정을 주창하였다. 또한 학교는 문화적 가치를 전수하는 곳으로 보았으며 학생들은 서로 잘 어울리는 것을 배우고 교사들의 권위를 수용해야 한다고 여겼다(Gutek, 1974, p. 89).

평가 방법

전수식 교수 접근에서 가장 흔히 이용되는 평가 방법은 다양한 지필 시험들이다. 이런 지필 시험은 빈칸 채우기, 선다형, 표준화된 시험을 포함할 수 있다.

빈칸 채우기 시험

이 방법은 한 단원이나 레슨에서 학생들이 정보를 잘 습득하고 있는지 알아보기 위해 주로 교사가 만든 시험이다. 발음 중심 언어 교수법에 관한 스타렛의 책(Starrett, 2007)은 이런 유형의 시험을 아주 많이 포함하고 있다. 예를 들면, 단어의 복수를 확인하기 위한 시험은 단수인 단어(self, box, wife와 같은 단어들) 옆에 복수 형태를 써보라고 학생들에게 요구하게 된다.

사지 선다형 시험

'엄선된 응답 시험(selected response tests)'이라고도 불리는 이런 류의 시험에서 학생들은 네 개 혹은 다섯 개의 목록 중에서 한 가지 답을 선택해야 한다. 대부분의 표준화된 시험들은 상당한 양의 선다형 질문을 포함하고 있다. 보통은 학생들이 특별한 정보를 알고 있는지에 초점을 두지만 자료를 분석할 수 있는지를 식별할 때도 사용된다. 그러나 종합한다거나 고차원적 사고를 다룰 때는 도움이 되지 않으며 사실적인 지식(factual knowledge)을 검사하는 데 국한되는 경향이 있다.

표준화된 시험

굳윈과 드리스콜(Goodwin and Driscoll, 1980, pp. 59-60)은 표준화된 시험은 다음과 같은 특징들을 포함한다고 지적한다.

- '숫자나 유형(category)의 견지에서 행동을 묘사하는 조직적인 절차'를 제공한다.
- 행정과 점수화를 위해 특정화된 절차들을 포함하고 있다.
- 시험 항목들은 이론보다는 실험이나 관찰에 의한 경험으로부터 나온다.
- 잘 설정된 형식(서식)과 자료들이 있다.
- 모든 시험 응시자들에게 같은 과제를 주고 같은 응답을 요구한다.

- 준거표(table of norms)를 제공하여 응시자들의 점수가 비교되어 상대적으로 어떤 위치에 있는지 확인할 수 있다.

표준화된 시험은 학교 간 심지어 국가 간의 비교를 위해서도 널리 사용되고 있다. 이러한 형태의 시험들이 갖는 어려움과 위험성을 분석하는 것은 여기서의 논의 범위를 벗어난다. 표준화된 시험에 대한 비평적 분석을 더 알아보려면 콘(Kohn, 1999)의 연구를 참고하라. 그러나 전인 아동의 발달을 측정하기 위한 평가는 이러한 도구들에만 제한될 수는 없다는 것을 주목해야 한다. 다른 입장들에 관련된 평가 전략들도 함께 사용되어야 한다.

결론

전수식 교수는 전인 아동을 가르치는 데 분명 한몫을 담당한다. 일례로 어떤 학생들에게는 학습 자료들을 다루기 쉬운 조각으로 나누는 것이 의미 있는 일이다. 짧은 강의도 정보를 전달해 주는 가장 좋은 방식일 수 있다. 그러나 이 접근은 상호 작용식 교수와 변화식 교수와 연결될 때 가장 훌륭히 사용될 것이다. 통전적 언어 교수법과 발음 중심 언어 교수법을 둘 다 포함하고 있는 균형 잡힌 읽기 접근이 이에 대한 가장 좋은 예가 될 것이다.

상호 작용식 교수

상호 작용식 교수는 탐구 학습(inquiry learning), 문제 해결(problem solving)과 사고 기술(thinking skills)을 강조한다. "모든 교육은 문제 해결이나 문제 해결을 위한 준비와 연루된다"고 델리슬(Delisle, 1997)은 주장한다(p. 1).

이 입장의 교수는 과학적 방법에 기초하고 있다. 존 듀이(John Dewey, 1938/1969)는 과학적 방법만이 "우리가 살고 있는 세상에 대한 매일의 경험들이 지닌 의미를 알게 하는 우리가 활용할 수 있는 유일하며 참다운 도구"(p. 88)라고 말하였다. 듀이는 과학적 방법에 대한 광의적 개념을 지지하면서 이를 문제 해결 방법에 적용하였다. 그의 문제 해결 접근의 첫째 단계는 해결해야 할 문제 상황에 직면하는 것이다. 둘째 단계에서 문제를 명확하게 규정한다. 문제를 구성하고 있는 주된 요소들을 조사하는 것이 셋째 단계이며, 문제에 대한 가능한 해결책을 제공할 만한 가설들(hypotheses)이나 '만일-그러면(if-then)'과 같은 진술들을 발전시키는 것이 넷째 단계에 해당한다. 다양한 해결책들의 결과들도 조사된다. 마지막 단계는 하나의 해결책을 선정하여 실행하는 것이다. 만일 그 해결책이 소용없다면 다시 앞으로 돌아가 또 다른 해결 방법을 선택하게 된다.

상호 작용식 교수 접근과 맥을 같이하는 다른 이론가들에는 비고츠키(Vygotsky), 피아제(Piaget), 브루너(Bruner) 등이 있다. 일반적으로 이 입장은 인지적 측면을 강조한다; 피아제와 비고츠키는 인지 발달(cognitive growth)에 대한 이론으로 유명하다. 예를 들면 비고츠키의 '근접 발달 영역'(zone of proximal development)은 일차적으로 인지적 차원의 이론이다.

이러한 이론가들 모두는 학생들 스스로가 지식과 의미의 창출자라고 믿는 구성주의(constructivism)와 연결되어 있다. 구성주의 입장에서의 교수는 아이들이 어떻게 배우며 의미를 창출하는지를 이해하는 데 뿌리를 두고 있다. 전수식 접근에서 벗어나 대안적 가능성과 해석을 제시하고자 노력한다.

목표

- 문제 해결 능력을 기르는 것. 학생들은 다양한 상황에서 문제를 해결할 수 있어야 한다(예를 들면, 수학, 과학, 매일매일의 문제들).
- 탐구 기술을 개발하는 것. 탐구 기술이나 조사 기술은 관련된 정보를 수집하고, 그것들을 분석하며 증거에 의거하여 결론에 이르는 것에 초점을 둔다.
- 비평적 사고력을 기르는 것. 학생들은 일반화된 진술들(generalizations)과 논거(argument)들을 비평적으로 분석할 수 있어야 한다. 이러한 기술은 과학적인 것에서부터 정치적인 것에 이르기까지 다양한 상황에 적용할 수 있다.

교수 학습 전략

문제 중심 학습

문제 중심 학습(PBL)은 앞서 언급한 존 듀이의 연구에 기초한다. 듀이는 '이런 접근이야말로 아이들의 흥미와 그들의 선행 지식, 그리고 그들 자신의 의미 세계와 연결을 복돋음으로써 가장 고차원적인 학습을 창출한다고 확신하였다'고 램브로스(Lambros, 2002)는 말한다(p. viii).

문제 중심 학습법은 우선 하나의 개방형 문제(open-ended problem)를 학생들에게 제시하고 그들로 하여금 그룹을 이루어 작업하여 그 해결책을 찾도록 한다. 이런 과정을 통과하면서 학생들은 무엇이 연구할 필요가 있는 것인지, 정보들을 어떻게 통합하여 해결책에 이르게 할 것인지를 확인하게 된다. 선정된 해결책은 타당성을 얻기 위해 더 많은 증거들에 반하여 검증을 받는다. 이런 과정에서 학생들은 자기 스스로 하는 학습에 능동적으로 참여한다.

문제 중심 학습법은 1987년 웨이크 포리스트 약대(the Wake Forest University School of Medicine)에 있는 연구, 교수, 학습 최고 센터(the Center for Execellence for Research, Teaching and Learning)에 도입되었다. 그때 이후 이 센터의 담당자인 앤 램브로스 박사가 문제 중심 학습법의 원칙들을 초, 중등 교육에 적용시켰다. 램브로스(2002)는 『유치원에서 8학년까지의 문제 중심 학습: 교사 사용 지침서(Problem-Based Learning in K-8 Classrooms: A Teachers' Guide to Implementation)』라는 책에서 여러 학년에서 이뤄지는 문제 중심 학습법의 예들을 보여준다. 그는 학생들이 다섯 명에서 일곱 명으로 구성된 그룹에서 학습하는 것을 제안한다. 보통은 한 학생이 문제가 되는 것을 크게 읽음으로써 학습 과정이 시작된다. 그 다음에 학생들은 적어도 두 가지 목록을 만들게 되는데, 그 중 하나에는 '사실들(Facts)'이라는 제목이 달린다. 학생들은 여기에 문제 진술(problem statement)에 나오는 모든 사실들을 나열한다. 다른 하나는 '알아볼 필요가 있는 것(Need to Know)'이란 목록으로, 학생들은 여기에 문제를 더 잘 이해하는 데 도움이 될 만한 정보들을 정리하게 된다. 다음 단계에서는 '학습 사안들(Learning Issues)' 목록을 만들어 문제 해결을 돕기 위해 연구가 필요한 것들을 여기에 포함시킨다. 이 연구 단계 후 학생들은 '가능한 해결책들(Possible

Solutions)'을 나열하는 목록을 만들게 된다. 마지막으로 또 하나의 '학습 사안들' 목록을 만들어 마지막 선택을 내리는 일에 적용될 수 있는 더 많은 정보를 모은다.

7학년의 날씨 예보에 대한 문제를 예로 들어보자. 문제 상황은 이렇다.

> 여러분은 노스 캐롤라이나 모어헤드 지역의 기상 캐스터입니다. 현재 아프리카 해안에 불어오는 열대성 폭우를 지켜보고 있습니다. 진로를 추적하여 어디로 향하는지 언제쯤 이곳 지상을 덮칠 것인지 예상해야 합니다. 일단 이러한 정보를 모으게 되면 여러분은 폭풍의 영향권에 들 만한 선박들과 군용기들에 주의보를 내려야 합니다(p. 7).

목록들이 포함하게 될 내용들:

사실들

우리는 기상 캐스터들이라는 것

우리는 노스 캐롤라이나 모어헤드 지역에 있다는 것

열대성 폭우가 아프리카 인근에 불어닥쳤다는 것

알아볼 필요가 있는 것

노스 캐롤라이나 모어헤드 지역의 위치

아프리카 해안 주변 폭풍의 위치

폭풍의 속도

학습 사안들

열대성 폭풍이란 무엇인가?

폭풍은 어떻게 분류되는가?

표 2.1 완성된 문제 중심 학습 과정 도표, 단일 도표

사례명: 날씨 관찰

사실들	알아볼 필요가 있는 것	학습 사안들
보모와 단 둘이 집에 있다 엄마 아빠는 여전히 직장에 있다 폭우로 인해 범람이 일어날 것을 TV에서 경고함	지금은 몇 시인가? 밖은 어두운가? **언제 엄마 아빠가 돌아오는가?** 보모는 운전을 할 수 있는가? **이웃집에 어른이 있는가?**	홍수범람 전까지 얼마나 오래 폭풍이 일까? 왜 어떤 곳에서만 범람이 일어나는가? 기상 캐스터들은 폭풍이 올 것을 어떻게 미리 알 수 있는가? 기상 캐스터들은 어떻게 폭풍이 동반하는 비로부터 홍수를 예측하는가?

가능한 해결책들	새로운 학습 사안들
조언을 얻기 위해 부모에게 전화하기	우리 집에 위층이 있는가?
더 많은 뉴스를 위해 계속해서 TV를 시청	범람이 시작되면 어디가 충분히 높은 곳인가?
밖으로 가서 이웃들과 함께하기	넘친 물이 빠지려면 어느 정도 걸리는가?
폭풍이 정말로 닥치면 지금보다 더 높은 곳으로 피하기	

믿을 만한 해결책(들)
날씨가 좋지 않은 상황, 특히 부모가 집에 없을 경우 어디로 갈지, 무엇을 할지에 대한 안전한 계획
부모님이 집에 계실 때의 안전한 계획

이 같은 혹은 이와 유사한 형태가 문제 중심 학습 과정의 기본이다. 조금씩은 구조가 다를 수 있고 두세 페이지 정도의 분량이 되기도 하지만, 범주들은 변하지 않는다.

(램브로스의 『Problem-Based Learning in K-8 Classrooms: A Teachers' Guide to Implementation』의 내용을 허락을 얻어 기재함.)

어떤 것들이 폭풍의 이동에 영향을 주는가?

다음으로 학생들은 기압, 대양의 조류, 풍향계에 관해 조사해볼 것이다. 그들은 영향권에 있는 군기지를 찾아볼 것이고 폭풍의 속도를 추정하고 그것의 이동을 예상하기 위해 수학 공식을 또한 이용할 것이다.

가능한 해결책들

폭풍이 어느 지역에 상륙할지에 대해 한두 가지 가정들을 세워볼 것이다.

학습 사안들

학생들은 선택된 해결책에 타당성을 제공해야 하므로 추가 정보를 찾아볼 것이다.

표 2.1은 문제 중심 학습에서 학생들이 사용하는 도표를 보여주고 있다. 여기서는 다음과 같은 문제에 초점을 둔다: 여러분은 보모(babysitter)와 단 둘이 집에 있습니다. 홍수를 일으킬지도 모르는 심각한 폭풍 경보가 있어요. 여러분은 무엇을 해야 합니까?

사례 연구 방법—도덕적 딜레마들

공공의 사안들이나 도덕적 딜레마들에 대한 사례 연구는 문제 중심 학습과 같은 방식으로 해결될 수 없다. 이처럼 가치를 내포하고 있는 문제들은 정보만 많이 수집하면 되는 사안이 아니기 때문이다. 관련된 사실이나 정보들도 모두 수집해야 하지만 사례 연구와 딜레마들은 윤리적 사고(ethical reasoning)를 장려해야 한다.

최근 넬 나딩스(Nel Noddings, 2006)는 학교에서 관심을 가져야 하는 여러 가지 공적인 사안들을 제시하였다. 그 중에는 육아, 동물과 자연, 광고와 선전, 성, 전쟁 심리와 같은 것들이 포함되어 있다. 두려움 탓인지 이런 주제들 중 많은 것들이 학교에서 다루어지지 않고 있다. 한 예로, 어떤 사람들은 공적인 영역과 사적인 영역의 구별을 유지해야 한다는 이유로 육아는 공립학교 교실에서 논의되어서는 안 된다고 믿는다. 나딩스는 비평적 사고(critical thinking)를 통해 공공의 사안들을 제시할 필요가 있다고 확신하고 있다. 그녀에게 비평적 사고란 감정, 느낌, 이성을 포함하는 것이며, '자기 이해(self-understanding)와 어떻게 비평적 사고를 개인의 삶에 적용하는가'를 강조한다(p. 5).

나딩스가 제시한 문제들 중 하나는 성(gender)과 평등(equity)이다. 여성들은 같은 일을 하면서도 여전히 적은 임금을 받는다. 한 연구에 의하면 그 중 한 가지 이유는 여성들 자신이 공평한 임금 지불을 요구하지 않기 때문이다(Babcock and Laschever, 2003). 이 연구는 또한 여성들은 훌륭한 협상가들이지만 스스로를 올려 세우는 것(self-promotion)을 원치 않는 속성으로 인해 자신들을 위해서는 좋은 협상가가 되지 못한다고 지적한다. 학생들은 공정한 임금을 받는 것과 관련하여 단지 다른 여성들뿐만이 아니라 자기 자신을 위해서 여성들이 어떻게 하면 더 강해질 수 있는지를 토론할 수 있다.

여성과 관련하여 또 다른 사안이 제기된다. 전통적으로 여성이 점령해 왔던, 예를 들면 보육, 초등학교 교사, 간호나 행정 업무 등의 직업들에 여성들이 뛰어들어야 하는가? 나딩스가 주목하듯이, 여성들은 종종 '너는 그 일을 하기에는 너무 아까워' 같은 말로 돌보는 직업들에서 벗어나 전통적으로 남성들이 장악하였던(수학과 과학 같은) 직업을 택하라고 장려받을 수 있다. 한 총명한 젊은 여성에게 예를 들어 수학을 공부해야 한다고 말하는 것은 그간 그가 전적으로 다른 학문 영역에서 쌓아온 자신감을 약화시키게 할 수도 있다고 나딩스는 기술한다(p. 228).

만일 돌보는 직업 중 하나를 선택해 일한다면, 여성들은 돌보는 일이나 돌봄의 윤리가 다른 가치들, 이를테면 현명함이나 자기주장(assertiveness)보다 다소 떨어지는 것이라는 인식을 변화시킬 필요가 있다고 나딩스는 주장한다. 그녀는 다음과 같이 결론 내린다: “아마도 여성들은 어떻게 자신을 승진시킬지 그리고 어떻게 자신의 관심사를 보호할지를 배워야 할 것이다. 하지만 사회도 오랫동안 여성들과 연결되어 왔던 가치들의 진가에 대하여 더 깊은 인식을 가져야 할 것이다. 이것은 어렵고 애정을 기울여야 하는 중대한 일이다”(p. 230).

나딩스는 이렇게 커다란 사안들에 대해 사려 깊게 성찰하는 접근을 주장한다. 로렌스 콜버그(Lawrence Kohlberg)(Hersh, Miller & Fielding, 1980)가 처음으로 개발한 도덕적 딜레마는 보통 두 개 이상의 근본적 가치들의 갈등을 담고 있다. 개인들은 이러한 갈등들에 대해 토론을 하고 도덕적 사고의 여러 차원들을 접하게 됨으로써 도덕성의 발달을 이루게 된다.

어떤 학생이 시험 중에 반 친구의 부정행위를 보게 되면서 벌어지는 딜레마를 한 예로 들 수 있다. 그 학생은 무엇을 해야 하겠는가? 이 딜레마는 다음과 같이 교실에서 논의할 수 있는 주제들을 제공한다. 친구와의 의리를 지키는 것이 중요한가 아니면 규칙와 법을 준수하는 것이 더 중요한가? 우리 모두가 부정행위를 묵인하면 무슨 일들이 일어날까? 이것이 공정한 일인가?

교사는 이 문제를 놓고 학생들이 서로 다른 역할을 해보도록 요청할 수 있다. 이를테면, 부정행위를 한 친구가 여러분과 가까울 수도 있고 여러분이 싫어하는 친구일 수도 있다, 어떤 차이가 있는가? 이 상황에서 교사가 학생의 부정행위를 목격한다면 그는 무엇을 그리고 왜 그렇게 해야 하는가? 여러분의 부모는 여러분이 무엇을 하길 원할까? 부정행위를 저지른 친구의 부모는 여러분에게 무엇을 하도록 요청할까?

가장 좋은 딜레마들은 학생들이 일상에서 접하게 되는 실재적인 것들이다.

학과 중심의 탐구

학과 중심의 탐구는 또 다른 상호 작용식 접근으로 수학, 과학, 역사와 같은 특정한 학과목과 연결된 탐구 방법들을 사용한다.

생물학 교육과정 연구. 이 교육과정은 『BSCS Science: An Inquiry Approach』(Coulson, 2002)라는 저서에 기술된 내용이다. 이 교육과정은 학생들에게 마치 생물학자가 하는 것처럼 탐구를 하도록 장려한다. 이 접근은 고등학교 3년간의 교육과정에 필요한 학습 자료를 포함하고 있다. 각 학년은 '탐구로서의 과학(Science as Inquiry)'이라 불리는 2주간의 단원을 필두로 시작되며, 물리과학, 생명과학, 지구-우주 과학을 각각 8주간씩 다루는 세 가지 핵심 영역 단원들이 뒤따른다. 해마다 마지막 단원은 다학제적으로(multidisciplinary) 진행되며, 과학과 사회에 걸친 사안들을 검토하게 된다.

학생들은 생물학자들이 과학적 탐구를 진행하는 방식의 본을 따라 학습을 진행한다. 그들은 '자연계에 대한 질문에 답하기 위해 어떻게 과학적 탐구를 수행해야 하는지 그리고 증거(evidence)와 추론(inference)을 어떻게 구별해야 하는지를 배운다'(Bybee & Scotter, 2007, p. 47). 9학년이 되면 학생들은 과학적 탐구를 안내하는 질문들과 개념들을 조사하게 된다, '예를 들면, 무엇이 과학적으로 검증 가능한 질문의 기준

들인가?'(p. 47). 10학년에서의 초점은 어떻게 탐구를 디자인하는가에 있다. 이를테면, 손의 병균을 줄이기 위해서 항균 비누가 좋을까 아니면 일반 비누가 나을까를 고심해 보는 것이다. 11학년 학생들은 설명(explanations)과 모델(models)을 개발하기 위해 어떻게 증거들을 사용하는지도 배우게 된다. 예를 들면, 지구 온난화에 대한 증거들을 살펴보면서 어떻게 이런 증거들이 기후 변화에 대한 모델을 개발하는 과학자들을 돕게 되는지 생각해볼 수 있다.

9학년 생명과학 분야의 핵심 단원은 자연 속의 구성 요소들(building blocks)에 초점이 맞춰져 있다. 우선 학생들은 원자와 세포를 탐구한다. 그 다음에는 이러한 기초 구성 요소들 주변에서 일어나는 일들의 과정을 탐색하게 된다. 신체 단련 운동을 한 번 하는 데 얼마나 많은 열량이 소모되는지를 측정해 보고, 무거운 역기를 들고 나면 근육이 왜 지치게 되는지 관찰해 보는 것이 일례가 될 것이다. 지구-우주 단원에서도 별들을 탐구해 보고 그것들이 또한 어떻게 우주를 구성하는지를 알아보게 된다.

마지막 단원에서는 과학과 사회를 연결하는 사안들에 초점을 두고 있어서, 어떻게 과학과 첨단기술이 산불이나 화산 폭발과 같은 자연재앙을 대비하는 데 도움을 줄 수 있을지 등과 같은 내용을 공부하게 된다.

과학 교육에 대한 BSCS 접근은 거의 50년 전에 시작되었으며 학생들에게 더 연결되도록 상당한 발전을 이루어 왔다. 그러나 과학적 탐구 모델에 따라 학생들이 사물의 본질을 탐구할 수 있다는 생각에 여전히 기반을 두고 있다. 여러 연구들에 의하면 이 교육과정은 과학 학습의 성취에 크게 이바지하였다(Coulson, 2002).

평가 방법

상호 작용식 교수와 변화식 교수 접근에서의 측정은 전인 아동의 발달을 가늠해 보아야 하므로 다방면의 전략들을 사용한다. 여기에서 상호 작용식 교수와 관련하여 논의하려는 방법들(관찰/observation, 인터뷰/interview, 평가척도표/rubrics)은 변화식 교수 입장의 방법들(포토폴리오/portfolio, 수행 과제들/performance tasks, 자기 평가/self-evaluation와 동료 평가/peer evaluation)과 중첩된다.

관찰

다이앤 하트(Diane Hart, 1994)는 체계적인 관찰을 제안한다. 그 내용은 다음과 같다:

- 모든 학생들을 관찰하라.
- 자주 그리고 규칙적으로 관찰하라.
- 관찰한 것을 글로 기록하라.
- 일상(the routine)에 대한 비전형적(atypical)인 관찰들과 전형적인 관찰들 역시 비일상적인 일(the extraordinary)에 대한 관찰들만큼이나 가치 있다는 것을 기억하라.
- 신뢰도를 높이기 위해서는 다수의 관찰들을 모으라. 한 예로는 패턴을 만들지 못한다.
- 관찰의 타당성을 높이기 위해 다른 상황들로부터 얻은 증거들을 종합하라(p. 16).

다음으로, 교사는 무엇을 살피고자 하는지를 인지할 필요가 있다. 하트는 어린아이들의 발달에 관한 행동들을 추적하기 위해 발달 체크리스트(developmental checklists)를 사용하라고 제안한다. 그녀는 블럭놀이를 하는 아이들이 시간이 흐르면서 어떻게 발달해 가는지에 대한 관찰의 예를 보여주고 있다. 보통 이 행동은 블럭으로 간단한 줄을 만드는 것으로 시작하지만 나중에는 극놀이의 일부가 되는 구조나 건물을 만들게 된다.

인터뷰

데이터를 수집하는 또 다른 수단은 인터뷰다. 인터뷰를 위한 목록지는 교사로 하여금 질문에 충실하게 하고 평가 데이터를 체계화하도록 도울 수 있다. 인터뷰는 또한 동기유발과 같이 자기 발전에 대한 사안을 파악하는 데에도, 예를 들면, 특정한 과목과 관련하여 학생이 어떤 관심을 갖고 있는지를 살피는 일에도 사용될 수 있다.

평가척도표

평가척도표는 특정 과제에 관련하여 행위들의 범위를 제시해 주는데, 이를 이용해서 교사나 학생은 그들의 수행 정도를 측정하게 된다. 아래의 평가척도표는 한 학생이 그룹 과제를 놓고 어떻게 다른 학생들과 협력해 나가야 할지에 대한 척도이다.

협력 척도

4. 완전한 이해

_ 일관성 있고 적극적으로 그룹의 목적을 향해 일한다.

_ 모든 그룹원들의 감정과 학습 필요에 민감하다.

_ 그룹 내에서 개인의 역할을 기꺼이 수용하고 이루어 간다.

_ 일관성 있고 적극적으로 그룹의 지식, 의견, 기술에 기여한다.

_ 모든 그룹원들의 지식, 의견, 기술을 가치 있게 보고 그들의 기여를 장려한다.

_ 그룹에 필요한 변화를 찾도록 돕고 변화를 위한 그룹 행동을 장려한다.

3. 좋은 이해

_ 자극 없이도 그룹의 목적을 향해 일한다.

_ 그룹 안에서 개인의 역할을 수용하고 이행해 나간다.

_ 자극 없이도 지식, 의견, 기술에 기여한다.

_ 다른 사람들의 감정에 민감성을 보인다.

_ 필요한 변화에 기꺼이 참여한다.

2. 만족할 만한 이해

_ 가끔 자극을 주면 그룹의 목적을 향해 일한다.

_ 이따금씩 자극을 주면 그룹에 기여한다.

_ 다른 사람들의 감정에 민감함을 보인다.

_ 가끔씩 자극을 주면 필요한 변화에 참여한다.

1. 노력이 필요함

_ 자극이 있을 때에만 그룹의 목적을 위해 일한다.

_ 자극이 있을 때에만 그룹에 기여한다.

_ 다른 사람들의 감정에 민감하도록 종종 알려줘야 한다.

_ 자극과 격려가 있을 때에만 필요한 변화에 참여한다(SCORE, n.d.).

요약

상호 작용식 교수 입장은 학생들로 하여금 명료하게 생각하게 하고 문제들을 해결하도록 돕는 것으로 전인 아동 교육에 중대한 역할을 한다. 대화를 중심에 두기 때문에 전수식 입장보다는 훨씬 더 상호 작용식이다. 그러나 이는 기본적으로 인지적 영역에 제한되어 있다.

변화식 교수

모든 것은 서로 연결되어 있다는 것이 변화식 교수의 근저에 흐르는 사상이다. 피터 셍과 그의 동료들(Peter Senge et al., 2005)은 다음과 같이 서술한다:

> 연결성(connectedness)은 새로운 세계관의 결정적인 특징이다—우주의 구성 원리로서의 연결성, 명시된 현상의 '외부 세계'와 산 경험의 '내부 세계'와의 연결성, 그리고 궁극적으로 사람들 사이의, 그리고 인간과 더 큰 세상 사이의 연결성. 철학자들과 영적 지도자들이 오랫동안 연결성에 대해 말해 왔지만, 연결성에 대한 과학적인 세계관이야말로, 현대 세계에서의 과학과 기술의 역할을 생각한다면, '전체를 바꾸어 버리는'(shifting the whole) 전면적인 영향을 끼치고 있다(p. 188).

그물(web) 이미지가 이런 입장을 표현하기 위해 종종 사용된다. 프리조프 카프라(Fritjof Capra, 1996)는 그의 책 『The Web of Life』에서 이러한 세계관을 묘사한다. 그는 여기에서 모든 생명 체계들은 그물망 같이 구성되어 있다고 주장한다. 원주민들도 생명의 그물(the web of life)

을 언급하였고 고대 인도 사람들도 인드라 망(Indra net), 즉 우주의 상호 연결성을 나타내는 메타포를 사용하였다. 이 망은 우주 전체로 뻗어가고, 모든 교차점에는 아름다운 보석이 있다. 보석들은 광채를 발해 아름다움을 뽐내며 잘 세공되었기에 그 표면들은 다른 보석들을 반사하게 된다; 이 반사의 과정은 무한하게 이어진다.

변화식 교수의 목표

변화식 교수는 지혜(wisdom), 애긍심(compassion), 그리고 삶에 대한 목적 의식(a sense of purpose in one's life)을 교수 목표로 삼고 있다.

지혜

고대인들은 '생각하는 심장'(thinking heart)의 중요성을 언급하였는데, 이는 지적 활동이 감정적이며 영적인 중심에 뿌리를 두고 있다는 것을 의미한다. '정신'(mind)을 가리키는 가장 오래된 중국의 상형 문자 역시 심장(heart)의 그림이다(Senge et al., 2005, p. 55). 머리와 심장을 연결할 수 있다면 교육에 대한 접근은 공허한 지성주의를 피할 수 있게 된다. 최근 아브라함 링컨의 전기를 펴낸 도리스 굳윈(Doris Kearns Goodwin, 2005)은 링컨이 어떻게 공감의 자리(place of empathy)로부터 여러 결정들을 내렸는지를 피력하고 있다. 이것이 바로 그가 그를 아는 모든 이들로부터 칭송과 사랑을 받는 이유였다. 오늘날 넬슨 만델라(Nelson Mandela), 백라프 하벨(Vaclav Havel), 아웅산 수키(Aung San Suu Kyi) 등은 생각하는 심장으로부터 일하고 있는 지도자의 예들이다.

애긍심과 돌봄

변화식 교수 접근은 또한 애긍심을 자양한다. 우리 자신을 타인과 연결된 존재로 본다면 우리들은 그들의 존재와 유리된 존재가 아니기 때문에 애긍심이 생기는 것은 당연한 일일 것이다. 나딩스(Nel Noddings, 1992)는 애긍심과 깊게 연관된 돌봄의 중요성에 대해 널리 서술하면서, 학교 교육과정에서 돌봄을 진작시키는 방식들을 제안하고 있다.

목적 의식

교육은 학생들이 인생에서 목적 의식을 찾도록 도울 수 있어야 한다. 소외된 청소년은 약물과 폭력에 빠지게 되는데 이는 그들이 삶속에서 깊은 의미를 찾지 못하기 때문이다. 학생들에게 목적 의식을 심어주기 위해 마리아 몬테소리는 우주적 교육과정(Cosmic Curriculum)을 발전시켰고, 학생들은 펼쳐진 우주 안에 있는 자신의 자리를 보게 되었다.

교수 학습 전략

왈트 윗맨(Walt Whitman, 1993)의 시 '앞으로 나아가는 한 아이가 있었다네'(There was a child went forth)는 변화식 학습의 정신을 가장 잘 표현하고 있는 것들 중 하나다.

> 매일매일 앞으로 나아가는 한 아이가 있었다네
> 그리고 처음으로 올려다본 그 물체는 그와 하나가 되어 갔지
> 그리고 그 물체는 그 날 내내 혹은 한동안 그의 일부가 되었지
> 혹은 여러 해 동안 혹은 세월이 장구하게 돌고 도는 동안에도(p. 57)

변화식 학습에서 학습자와 학습 대상과의 장벽은 학습자가 연구하고 관찰하고자 하는 것이 되어갈 때 사라지게 된다. 에머슨(Emerson)은 화가가 나무를 그릴 때 그 화가는 나무가 되어 간다고 말하였다. 변화식 교수 학습 전략들은 이런 식으로 학생이 그가 배우는 대상과 깊게 통합하는 학습을 촉진하는 것이다.

자전적 글쓰기/저널

학생들에게 자기 자신에 대해 글을 써보게 하는 것은 변화를 추구하는 활동이 될 수 있다. 한 가지 방법은 그들에게 자신의 지나온 일들을 써 내려가게 하는 것이다. 좋은 예가 『Small Victories』에 나오는 제시카 시겔(Jessica Siegel)의 교육과정이다(Freedman, 1990). 제시카는 맨해튼에 있는 세와드 파크(Seward Park) 고등학교에서 영어를 가르치고 있으며, 대부분의 학생들은 미국으로 건너온 이민자들의 자녀들이다. 3,500여 명 학생들 가운데 92퍼센트에 해당하는 학생들이 대학을 진학하고 있다.

제시카의 교육과정에서 가장 중요한 부분들 중 하나는 학생들에게 '나는 누구인가?'라는 주제로 생각과 느낌을 글로 써서 나누게 하는 것이다. 이러한 과정에는 몇 가지 이점이 있다. 먼저, 그녀는 강력한 자서전적 에세이가 어떻게 학생들에게 대학이나 대학교의 진학을 도울 수 있었는지를 지켜보았다. 친아버지를 단 한 번도 만난 적이 없으며, 그의 어머니는 대여섯 번 이상 정신 병원을 오간 비니 미클스(Vinnie Mickles)라는 학생 이야기를 예로 들어보자. 그는 난방도 되지 않는 아파트에서 어머니와 함께 살았는데, 그 곳은 몹시 추워서 손은 꽁꽁 얼고 갈라져 피가 나기도 하였다. 집주인은 입주자들을 내쫓으려 시도한 후 집세를 올리거나 건물을 팔아넘기려고 하였다. 이런 악조건 속에서 비니는 공부에 전념할 수가 없었다. 제시카는 비니의 잠재성을 보고 그에게 통과 점수를 주었다. 고등학교 졸업 후 비니는 해병이 되었다. 2년의 군 생활 후 그는 제시카에게 돌아와 대학에 갈 수 있도록 도움을 청하였다. 제시카는 그에게 자신의 이야기를 글로 써보도록 하였다: "비니는 제정신이 아닌 그의 어머니, 아버지의 부재, 그리고 차갑디찬 아파트에 대해 대단히 충격적이고 냉철한 이야기를 글로 전달하였다"(p. 48). 비니는 이런 개인적인 이야기로 뉴욕 주립대로부터 입학 허가서를 받게 되었다.

자서전적 글쓰기 덕분에 제시카는 학생에 대한 보다 온전한 안목을 갖게 된 셈이다. 그녀는 학생들을 전인으로 보기 시작하였다. 다음은 그녀의 교수 내용 중 일부다:

> 여러분의 지난 경험들을 생각해 보세요. 내가 말하고 있는 동안 여러분의 마음에 와닿는 생각, 기억, 말을 두서없이 써내려가 봅시다. 여러분에게 중요한 개인적인 물건이 있습니까? 이유가 뭐죠? 여러분에게 큰 영향을 주었던 사람이 있습니까? 그들이 무슨 말을 하였죠? 무슨 일이 있었나요? 여러분의 느낌을 표현할 만한 너댓 개의 단어들을 나열해 보세요. 그리고 그 중 하나를 선택하여 연관된 기억들을 적어 보세요. 여러분이 자랑스럽게 생각하는 것들 다섯 가지를 이야기해 보세요. 그 중 하나를 택하고 왜 그것이 여러분에게 중요한지 말해 봅시다. 처음으로 무언가를 해냈던 기억이 마음속에 남아 있나요? 그것을 기술해 보세요. 어떤 느낌이 들었던가요? 지난 5년 동안 여러분은 변화되었나요? 왜 그리고 어떻게 그렇다고 할 수 있죠? 무엇이 지금의 여러분을 만들었나요?(Freedman, 1990, p. 51)

제시카의 학생들은 그들의 삶에 영향을 주었던 사건들에 대해 글을 쓴다. 이를테면, 부모의 이혼, 싸움, 간통, 죽을 뻔한 일, 그리고 심지어 아기를 갖게 된 일까지. 한 학생은 아빠가 된 것, 아기의 출생을 지켜본 일이 그의 인생에서 가장 놀라운 경험이었다고 쓰고 있다.

이런 자전적인 글들을 읽고 난 후 제시카는 그녀의 학생들과 아주 강한 연대감을 경험한다.

> 해마다 그녀는 같은 방식으로 자서전적 글쓰기를 행하고 있어요. 그녀의 학생들은 영웅들이죠. 몇몇은 학과목을 낙제한 영웅들이기도 하지만. 누가 이것을 이해할 수 있을까요? 어떻게 그 영웅들이 그녀를 경탄케 하는지. 정말로 어떻게 그들이 그녀에게 영감을 불어넣는지(Freedman, 1990, p. 68).

그러므로 자서전적 글쓰기는 침묵 속에서 교사와 학생을 연대케 한다. 이런 일은 물론 교사의 민감함(sensitivity)과 주의(care)를 전제로 할 때만 가능해진다. 무디고 부주의한 말들이 학생에게 상처를 줄 수 있고 교사-학생 간의 관계를 해칠 수도 있다.

다른 교사들도 일기를 쓰게 하는데 이렇게 함으로써 학생들은 보다 규칙적으로 그들의 생각과 감정을 표출할 수 있다고 본다. 일기의 힘에 대한 아주 좋은 예화는 영화 '프리덤라이터스(Freedomwriters)'다. 이 영화에서 학생들은 그들의 삶을 일기로 써 내려간다. 일기에 쓰인 이야기들을 서로 나누어 읽게 되고, 그것이 다인종으로 구성된 한 학급을 하나로 묶어주게 된다는 내용이다.

하지만 어떤 일기들은 학문적인 방향으로 계획되기도 한다. 보통 이러한 일기들은 학생들에게 지금 읽고 있는 것과 교실에서 배우고 있는 것을 성찰해볼 기회를 준다. 또한 소설이나 과학 실험에 대한 반응을 써보는 것들도 포함될 수 있다. 대조적으로, 보다 명상적인 일기는 매일의 생활 속에서 일어나는 느낌과 생각을 표현하게 한다. 이를테면 영혼 일기(soul journal)는 학생들의 내적 측면에 초점을 두고 있다. 누가 일기를 읽게 될 것인가를 분명히 하는 것 또한 중요하다. 모두에게 공개되지 말아야 하는 부분들과 요소들이 있을지 모르기 때문이다.

공감 형성

이것은 메리 고든(Mary Gordon, 2005)이 초등학교 학생들을 위해 발전시킨 독특한 프로그램이다. 일 년 동안 한 어머니와 그녀의 아기를 교실 수업에 함께 참여시킬 것이다. 공감 형성(ROE) 프로그램의 지도를 맡고 있는 교사가 함께 그 아기와 동반하여 교실로 안내한다. 학생들은 한 해 동안 아기의 성장을 지켜보게 된다. 메리는 몇 가지 일화를 통해 어떻게 이 프로그램이 가장 힘든 학생들에게 영향을 주고 있는지 전해주고 있다:

> 대런(Darren)은 내가 지금껏 본 바로는 공감 형성 반에서 가장 나이가 많은 아이다. 그는 8학년이었지만 두 번이나 진급하지 못하였다. 반 아이들보다 두 살이 많아서인지 벌써 턱수염이 나기 시작하였다. 나는 그에 대한 이야기들을 알고 있었다: 그의 어머니는 대런이 네 살 때 그가 보는 앞에서 살해당하였으며 그 후로 대리양육 가정들을 전전하였다. 그는 우리에게 자신이 강한 아이라고 내보이고 싶어서인지 언제나 살기 등등하였다: 머리는 윗부분만 말꼬리처럼 한 가닥을 남겨 놓고 밀었으며 뒤통수에 문신도 있었다.
>
> 공감 형성 프로그램의 담당 교사는 반 아이들에게 우리가 가진 기질의

> 차이에 대해 설명하였다. 그는 한 젊은 어머니를 6개월이 된 이반(Evan)이라는 아기와 함께 초대하였고 아기의 기질에 대한 어머니의 생각을 나누게 하였다. 토의에 함께 참여하면서 그 어머니는 반 아이들에게 이반에 대해 말하였다. 멜빵으로 아기를 매고 있을 때 아기가 얼마나 밖을 향하고 싶어하는지, 어머니에게 안기기를 싫어하는지, 그리고 아기가 잘 안겨 있으면 얼마나 좋을까 하고 바라는지도 말해 주었다. 수업이 끝나면서, 그 어머니는 아이들에게 녹색에 분홍실이 수놓아진 멜빵을 매보고 싶은지 물었다. 놀랍게도 대런이 자청하였다. 다른 아이들이 점심을 먹기 위해 몰려 가고 있는데, 그는 멜빵을 착용하였다. 대런은 이반을 안아도 되는지 물었다. 좀 불안하긴 하였지만 그 어머니는 아기를 대런에게 넘겨주었다. 그는 이반을 가슴에 안았다. 그 작고 명민한 아기는 포근히 잘 안겨 있었고 대런은 아기를 조용한 곳으로 데려가서는 몇 분 동안 팔에 안긴 아기를 앞뒤로 얼러 주었다. 마침내 아기의 어머니와 프로그램 담당교사가 있는 곳으로 돌아와서는 대런은 이렇게 물었다: "어느 누구로부터도 사랑을 받아보지 못한 사람도 좋은 아빠가 될 수 있다고 생각하세요?"(p. 6)

메리는 아기가 보여준 진솔하고 사람을 가리지 않는 다정함이 반 아이들에게 변화의 경험을 줄 수 있었다고 계속해서 언급한다. 반 아이들은 메리가 말한 '아기가 가진 지혜'(the wisdom of the baby)에 반응하게 된 것이다. 아기의 감정은 즉각적이고 순수하며 우리 성인들과는 달리 사회화된 가식이 없다. 메리는 이렇게 말한다: "소외되었거나 배제된 느낌을 가지고 있었던 아이들이 아기와의 공감적 접촉을 통해 포함의 동그라미(circle of inclusion) 속으로 이끌려 들어오는 것이다"(p. 7).

공감을 학습하는 과정에서 학생들은 우선 아기가 전해주는 경험들과 감정들을 관찰한다. 다음은 그 감정들을 감별하는 것을 배우게 되고 '토론을 하거나 재고해 보거나 일기를 쓰면서 그 감정들이 자신들 속에 뿌리내리게 한다'(p. 125). 마지막으로 그들은 자신들의 감정에 대해 다른 학생들과 이야기 나눈다.

브리티시 콜롬비아 대학교의 킴벌리 쇼널트-라이첼(Kimberly Schonert-Reichal) 박사는 공감 형성 프로그램에 대한 연구를 통해 이 프로그램을 경험한 학생들은 그렇지 않은 학생들보다 정서적, 사회적 이해에서 보다 나은 결과를 보이고 있음을 발견하였다(Gordon, p. 246).

봉사 학습

봉사 학습이란 학교에서의 학업과 연관된 지역 공동체 활동에 학생들을 참여시키는 것이다. 다음에 언급할 봉사 학습의 두 가지 예는 나의 친구이자 동료인 존 도넬리(John Donnelly)와 로우어데스 아귤레스(Lourdes Arguelles)의 연구에서 발췌한 것이다.

결연 봉사. 결연 봉사는 존 도넬리(2002)가 위험한 환경에 있는 청소년들(at-risk adolescent)과 함께 한 일을 묘사하기 위해 사용한 용어다. 보통 그의 학생들은 신체적, 정신적으로 장애가 있는 젊은 친구들과 함께 일하며 그들을 돌보게 된다. 이 과업의 목적은 학생들로 하여금 애긍심을 기르게 하고 타인의 고통이 자신들과 별개의 것이 아님을 보게 하는 데 있다. 그러므로 결연 봉사는 타인과 우리들이 겪고 있는 고통의 치유를 시도하는 과정이다. 존은 학생들을 결연시키기 위해 옥외 체험(outdoor field trip)을 즐겨 사용한다. 그러나 이것은 단지 자연을 보고 관찰하는 것이 아니다; 그들은 이를 통해 서로서로 돕는 기회를 갖

게 된다. 존은 그의 학생들이 결연하던 활동 중 하나를 다음과 같이 묘사하고 있다:

> 여행을 하는 동안 일어난 일로, 열 명의 내 학생들은 휠체어를 타고 있는 한 학생을 도와서 장애 아동들이 접근하기 힘든 한 야산 캠프장에 오를 수 있게 하였다. 버스에서 내리는 것을 도왔고, 휠체어를 접어주고, 식탁위에 숟가락과 포크를 놓아주고, 세 팀으로 나누어져 장애인들이 가기 힘든 길을 오르도록 그를 인도하였다. 그의 잠자리 준비를 도와주는 것으로 하루의 활동을 끝냈다. … 학생들은 더 이상을 기대할 수 없을 만큼의 사랑과 관심을 보여 주었다(p. 310).

이 프로그램에 속한 대부분의 학생들은 지극히 힘겨운 배경을 가지고 있다. 그들 중 한 사람은 로스앤젤레스 길거리에서 총상을 입기도 하였다. 그러나 존의 사랑과 헌신은 많은 학생들에게 희망을 가져다줄 수 있었다. 우리는 진정으로 생명이 넘치는 교육을 제공할 수 있다며 그는 희망에 차 있다. 존은 이렇게 말한다: "아이들을 보라. 그들이 우리에게 길을 보여줄 것이다. 그들이 무엇을 필요로 하는지 물어보라. 그들이 원하는 것이 무엇인지를 설명하지 말고. 그들이 어떻게 도울 수 있는지 물어보라. 그들에게 요구되는 것이 무엇인지를 말하지 말고. 더 좋아질 수 있는 인생을 그 날의 주제로 삼아라"(p. 314).

공동체 중심의 봉사. 로우어데스 아귤레스(2002)는 캘리포니아에 있는 클레어몬트 대학원(Claremont Graduate School)에서 교수로 일하였다. 당시 그녀의 학생들은 20대 중반부터 50대 중반이었다. 교육과정의 일환으로서 그녀는 학생들에게 경제적, 사회적으로 주변화된 '서민 공동체들'(grassroots communities) 속으로 들어가 보도록 하였다. 첫 번째 과업으로 그 공동체 사람들과 아주 일상적인 일들—말하자면 '음식을 같이 먹는다든가 자연스러운 대화를 한다거나, 육체노동을 하는 것과 같은'—을 함께 해보라고 요청하였다. 둘째로 그녀는 학생들에게 '여유로운 마음'(slow mind)을 기르도록 하였는데 이는 '천천히, 계획이나 형식에 얽매이지 않고, 산발적으로 알아가는 방식'을 말한다. 몇 명의 학생들에게는 여유로운 마음으로의 전환이 도전이 되었다:

> 처음 선생님을 만났을 때 저는 지금처럼 일관적이며 적절한 상호 작용을 할 준비가 되어 있지 않았어요. 마음이 너무도 분주하였지요. 저소득층 집마련 프로젝트에서 만난 사람들과 같이 지내고 이야기 나눈 그 시간들이 나를 안정되게 만들어 주었어요. 그 공동체 사람들과 친밀하게 지내게 됨은 물론이고 다른 학생들 그리고 선생님과의 유대감도 돈독해졌죠. 한 가지 더 깨닫기 시작한 것은 내가 지금 교실에서 그리고 내 인생을 통해 행하고 있는 것들이 다른 사람들의 삶에 부정적인 영향을 줄 수도 있겠구나 하는 것이예요. 이것은 나의 인생과 교사 생활에 진정한 차이를 가져다 주었답니다(Arguelles, 2002, p. 295에서 인용).

로우어데스의 과목은 여러 가지 형태로 학생들에게 도전을 주었다. 이러한 도전을 통해 그들은 자신들과 타인들을 더 깊게 연결해 가는 방법을 찾게 된다.

평가 방법

변화식 교수 학습의 측정은 본질상 질적이며(qualitative), 자기 평가, 동료 평가, 포토폴리오와 수행 과제와 같은 것들이 포함된다.

자기 평가

자기 평가는 학생이 자신의 일을 공정하고 정직하게 평가하는 것을 배우는 중요한 삶의 기술이다. 한 단원을 끝마치고 학생들은 자기 자신을 향해 다음과 같은 질문들을 던져보게 된다:

- 이 단원에서 배운 것 중 가장 중요한 것은 무엇인가?
- 이 단원은 학습 주제에 대한 나의 가치와 태도에 영향을 주었는가?
- 같은 주제에 대해 무엇을 더 배우고 싶은가?
- 이 단원과 관련하여 나는 무엇을 더 향상해야 할 필요가 있는가?
- 이 단원을 공부하는 동안 가장 큰 도전이 되었던 것은 무엇인가?
- 이 단원에서 내가 수행한 것들에 대해 대체로 어떤 평가를 하겠나?

그룹으로 행한 일들에 대해서도 자기 평가를 해볼 수 있다. 내 과목들에서 나는 학생들에게 그들의 그룹 발표에 대한 자기 평가를 주문한다. 그들은 다음과 같은 몇 가지 기준으로 자신들을 평가한다: 협력, 창의성, 발표에 대한 다른 학생들의 반응, 그리고 발표의 대략적인 흐름.

동료 평가

동료 평가를 위해 널리 사용되는 두 가지 형태는 동료의 글을 수정하기(peer editing)와 그룹내 과제 수행(performance in group settings)이다. 전자의 평가에서는 두 학생이 짝을 이루어 서로간의 글에 대해 이를테면 철자법, 문법, 구성과 같은 것들에 의견을 제시해 주는 것이다. 후자의 경우 보다 협력적인 평가로서, 각 학생이 어떻게 그룹에 참여하고 있는지에 대한 의견을 학생들이 서로 제공하게 된다. 동료 평가는 그룹 발표를 평가하는 데도 사용된다.

포트폴리오

포트폴리오는 장시간에 걸쳐 학생들의 활동을 평가하는 기회를 준다. 또한 무엇을 포트폴리오에 넣을지 함께 결정할 수 있기 때문에, 교사와 학생들이 평가 과정의 파트너가 되도록 돕는다. 학생들은 어떤 것들을 그리고 어떤 이유로 포트폴리오에 포함해야 하는지 판단해 가면서 자기 평가 습관을 기를 수도 있다. 포트폴리오의 범위는 거의 무한하다 할 수 있다:

- 일화를 기록한 것
- 사진
- 글(완성본과 초본)
- 녹음 테이프
- 예술 작품
- 다이어그램과 차트
- 그룹 보고서
- 성찰의 글

무엇이 포트폴리오에 들어가게 될 것인지는 결국 목적과 청중에 의해 결정된다 할 수 있다. 포트폴리오가 고용이나 대학 입학을 위한 것이라면 보통은 가장 훌륭한 작품들을 포함시킬 것이며, 한 학기 동안 학생의 성장을 측정하는 것이 목적이라면 발달과 성장을 보여줄 만한 것들을 포함하게 될 것이다. 자신의 작품에 대한 성찰을 함으로써 학생들은 자기 평가의 기회를 갖게 된다. 하트(Hart, 1994)가 예로 보여준 한 학생은 자신이 지은 시에 대한 성찰의 글을 쓰고 이를 포트폴리오에 첨가하고 있다:

> 맨 처음 내가 쓴 시들은 아주 초보적이었다; 운율에 맞춰 짧게 음절들을 나열해 보는 것이 전부였다. 그 다음에 나는 생각과 느낌을 첨가해 보는 실험을 하였다. … 운율에 맞추느라 너 자신을 죽이지 말라. 네가 느끼는 대로 운율을 되뇌이며. 두 달 동안을 나는 그렇게 해보았다. 그런 후 나는 그것들을 압축하고 보다 깊은 의미들을 창출하기 위해 줄여 보았다. 그(the's), 그리고(and's), 만일(if's)과 같은 것들을 제거해 버린다면 훨씬 더 나은 의미를 전달하게 된다는 걸 그 때 알 수 있게 되었다. 지금은 조금 다른 작업을 하고 있다. … 단지 느낌만을 써 내려가지 않고, 은유적 표현을 찾으려 노력하고 있다(p. 26).

수행 과제

이러한 과제들을 수행해 가면서 학생들은 그들이 배우게 된 것들, 특히, 보다 복잡해진 지식과 기술을 보여주게 된다. 한 지역의 학교에서 학생들의 글쓰기의 평가를 위해 3일간에 걸친 수행 평가 방법을 이용하였다. 주제는 극심한 추위의 위험성이다. 첫째 날, 학생들은 추운 날씨 때문에 겪었던 자신의 경험에 대해 글쓰기를 시작한다. 그 다음 학생들은 주인공이 호된 추위로 죽게 된다는 잭 런던(Jack London)이 쓴 이야기를 읽는다. 둘째 날, 학생들은 그 주인공에게 어떻게 하면 죽음을 면할 수 있었겠는지를 조언하는 편지를 쓴다. 그리고 고열(高熱)에 대한 책의

표 2.2 세 가지 입장들: 목표, 교수 학습 전략, 평가 방법

	전수	상호 작용	변화
목표	학과목의 완전 정복 기본적인 기술의 연마 기본적인 문화적 가치 흡수	문제 해결 탐구 기술 비평적 사고 기술	지혜 애긍심 목적 의식
교수 전략	완전 학습 음성법 문화적 문해	문제 중심 학습 사례 연구 방법-도덕적 딜레마들 학과 중심의 탐구	자서전적 글쓰기 공감 형성 프로그램 봉사 학습
평가 방법	빈칸 채우기 시험 사지 선다형 시험 표준화된 시험	관찰 인터뷰 지시문	자기 평가 동료 평가 포트폴리오 수행 과제

발췌문을 읽는다. 셋째 날, 학생들은 읽은 정보들을 통합하여 여러 형태의 글을 써보게 된다: '1) 편지글—한겨울 주말 탐험을 떠난 그룹원들에게 어떻게 준비하고 안전하게 지낼 수 있는지 조언해 주는 글; 2) 시, 이야기나 짧은 희곡—강한 추위, 열, 배고픔과 피로와 같은 극심한 상태에 대한 글쓴이의 느낌을 잘 나타내는 글; 3) 연설문—캐나다의 유콘(Yukon)과 같은 추운 지역의 여행을 삼가도록 사람들을 설득하는 글' (p. 51). 마지막 작품들은 설득력이 있는 혹은 정보을 주는 글로서 얼마나 효과적인가의 견지에서 평가를 받게 된다.

어떤 학교에서는 졸업을 앞에 두고 총괄 수행 평가(summative performace tasks)를 사용하기도 한다. 위스콘신에 있는 왈든 3세 고등학교(Walden III High School)의 3학년 학생들은 15개 과목에 대한 지식과 기술의 학습정도를 포트폴리오 구성, 한 연구 논문, 그리고 몇 번의

구두 발표를 통해 평가받게 된다. 포트폴리오에는 자서전적인 글과 자신의 활동에 대한 성찰의 글, 윤리에 관한 에세이, 과목에 대한 요약 등이 포함된다.

요약

나는 전인 아동 교육을 위해서는 위의 세 가지 접근법 모두를 사용해야 한다고 믿는다. 전수 입장은 학생들에게 음성법과 같은 기본적인 기술을 익히도록 도울 수 있고; 상호 작용 입장은 인지적 차원을 강조함으로써 학생들의 사고와 문제 해결력을 신장시킬 수 있다; 그리고 변화 입장은 자아 인식, 공감, 사회적 책임감 등을 발달시킨다(표 2.2를 보라). 다음 장에서는 세 가지 교수 입장을 통합해 가는 과정을 살펴보고, 교사들이 어떻게 통전적 교수를 실행하는지 몇 가지 예들을 제시하고자 한다.

참|고|문|헌

Arguelles, L.(2002). How we live, learn and die: How a teacher and some of her students meditated and walked on an engaged Buddhist path. In J. P. Miller & Y. Nakagawa(Eds.), *Nurturing our wholeness: Perspectives on spirituality in education*(pp. 285-303). Brandon, VT: Foundation for Education Renewal.

Babcock, L., & Laschever, S.(2003). *Women don't ask: Neogtiation and the*

gender divide. Princeton, NJ: Princeton University Press.
Block, J.(1971). *Mastery learning. Theory and Practice*. New York: Holt Rinehart and Winston.
Bloom, B.(1981). *Mastery Learning*. New York: Holt Rinehart and Winston.
Bybee, R.W., & Van Scotter, P. (2007). Reinventing the science curriculum. *Educational Leadership, 64*(4), 43-7.
Capra, F.(1996). *The web of life: A new scientific understanding of living systems*. New York; Anchor.
Carroll, J.(1963). A model for school learning. *Teachers College Record, 64*, 723-33.
Coulson, D.(2002). *BSCS science: An inquiry approach*(Field test II curriculum evaluation report). Annapolis, MD:PS International.
Davis, D. & Sorrell, J.(1995, December). *Mastery learning in public schools*. Paper prepared for PSY 70: Conditions for Learning. Valdosta, GA: Valdosta State University. http://chiron.valdosta.edu/whuitt/files/mastlear.html
Delisle, R.(1997). *How to use problem-based learning in the classroom*. Alexandria, CA: Association for Supervision and Curriculum Development.
Dewey, J.(1969/1938). *Experiecnes of education*. New York; MacMillan/Free Press.
Donnelly, J.(2002). Educating for a deeper sense of self. In J. P. Miller and Y. Nakagawa(Eds.), *Nurturing our wholeness: Perspectives on spirituality in education*(pp. 304-17). Brandon, VT: Foundation for Educational Renewal.
Freedman, S.(1990). *Small victories: The real world of a teacher, her students and their high school*. New York: Harper and Row.
Gallagher, M. & Pearson, P. (1989). *Discussion, comprehension, and knowledge acquisition in content area classrooms*(Report no. 480). Champaign: University of Illinois.
Goodwin, D.K.(2005). *Team of rivals: The political genius of Arbraham Lincoln*. New York: Simon and Schuster.
Goodwin, W.L. & Driscoll, L.A.(1980). *Handbook for measurement and*

evaluation in early childhood education. San Franscisco: Jossey-Bass.

Gordon, M.(2005). *Roots of empathy: Changing the world child by child.* Toronto: Thomas Allen.

Guskey, T., & Pigott, T.(1988). Research on group-based mastery learning programs: A meta-analysis. *Journal of Educational Research, 81*(4), 197-216.

Gutek, G.L.(1974). *Philosophical alternatives in education*. Columbus, OH: Charles Merrill.

Hart, D.(1994). *Athentic assessment: A handbook for educators*. New York: Addison Wesley.

Hersh, R.H., Miller, J.P. , & Fielding, G.D.(1980). *Models of moral education: An appraisal*. New York: Longman.

Hirsch, E.D., Kett, J.F., & Trefil, J.(1988, 2002). *The dictionary of cultural literacy: What every American needs to know*. Boston: Houghton Mifflin.

Kohn, A.(1999). *The schools our children deserve. Moving beyond traditional classrooms and 'tough standards.'* Boston: Houghton Mifflin.

Kulik, C., Kulik, J., & Bangert-Downs, R.(1990). Effectiveness of mastery learning programs: A meta-analysis. *Review of Educational Research, 60*(2), 265-306.

Lambros, A.(2002). *Problem-based learning in K-8 classrooms: A teacher's guide to implementation*. Thousand oaks, CA: Corwin.

Miller, J.P. , & Seller, W.(1985). *Curriculum: perspectives and practice*. New York: Longman.

Noddings, N.(1992). *The challenge to care in schools: An alternative approach to education*. New York: Cambridge University Press.

Perlstein, L.(2007). *Tested: One American school struggles to make the grade*. New York: Henry Holt.

Ritchie, D., & Thorkildsen, R.(1994). Effects of accountability on students' achievement in mastery learning. *Journal of Education Research, 88*(2), 86-90.

SCORE,(n.d.). School of California Online Resources for Education. www.

sdcoe.k12.ca.us/score/actbank/collaborub.htm

Senge, P. , Sharmer, C., Jaworski, J., & Flowers, B.(2005). *Presence: An exploration of profound change in people, organizations, and society.* New York: Doubleday.

Starrett, E.V.(2007). *Teaching phonics for balanced reading.* Thousand Oaks, CA: Corwin.

Whitman, W.(1993). *From this soil.* New York: The Nature Company.

제3장

전인 교수

전인 아동을 가르치기 위해 세 가지 교수 입장을 어떻게 사용할 수 있을까? 각각의 접근은 아이들의 다른 부분을 강조하고 있기에 전인성(wholeness)을 자양하는 방식으로 함께 사용되는 것이 바람직하다. 이상적으로는 이것들은 교실 수업의 원활한 흐름 혹은 리듬을 창조하도록 사용되어야 할 것이다. 한 가지 접근에만 얽매여 있다면 에너지가 한 가지 방법만을 위해 소진되므로 문제가 되고 만다.

이번 장에서는 세 가지 접근들을 통전적 방식으로 그리고 리듬감 있게 조화하기 위해 교사가 취할 수 있는 단계들을 논의해 보고자 한다. 그리고 각기 다른 교육 상황에서 일하고 있는 여섯 명의 교사들이 이 세 가지 교수 방식을 어떻게 사용하고 있는지를 덧붙여 보겠다. 또한 왈도르프(Waldorf)와 몬테소리(Montessori) 교육을 예로 들어본다.

전인 교수 시작하기

1단계

첫 단계는 세 가지 입장의 선택에 영향을 주는 요인들과 그것들이 서로 어떻게 연관되어 있는지 알아보는 단계이다. 분명한 것은 다양한 요소들의 개입으로 인해 한두 가지의 입장들을 다른 것들보다 더 선호하게 된다는 것이다. 그러한 요인들에는 다음과 같은 것들이 포함된다:

과목

과학과 같은 과목들은 특성상 상호 작용식 교수 전략을 더 많이 의존하게 되고, 예술과 같은(예를 들면 드라마) 과목에서의 학습은 변화식 입장에 보다 가깝다. 그러나 학습 경험을 향상시키고 리듬을 더해주기 위해서는 다른 접근들도 함께 사용되어야 한다.

주/지역 교육과정 지침

우리는 이 입장들을 이용해서 정책 입안가들이 옹호하는 접근들은 무엇인지 확인할 수 있다. 교사는 차후에 여러 가지 교수 전략들을 이러한 지침들에 접목시킬 수 있다. 작금의 지침들은 교수 전략보다는 성취에 초점을 두고 있기 때문에 교사들은 교수 접근들을 선택하는 데 있어서 일반적으로 자유로울 것이다.

교사의 성향

교사들은 보통 한 가지 접근에 가장 편안함을 느끼며, 그것을 교수의 기초로 삼는다. 점차 다른 입장의 전략들을 첨가하여 자신의 것을 확장할 수 있다. 예를 들면, 전수식 접근에 익숙한 교사는 점차적으로 상호 작용과 변화 지향적 교수 전략들을 첨가해갈 수 있다.

학생

학생들의 학습 형태는 다양하다. 어떤 학생들은 정해주고 지시해 주는 것을 훨씬 좋아하는 반면 어떤 학생들은 자신의 일을 해내기 위해 더 많은 자유와 기회들을 선호한다. 전자의 학생은 아마도 전수식 형태의 학습 경험에, 후자의 학생은 상호 작용식 그리고 변화식 접근에 보다 편안함을 느낄 것이다. 데이비드 헌트(David Hunt, 1971)는 학생들이 편안해할 수 있는 체계의 양(amount of structure)을 확인하기 위한 틀(framework)을 제공하는데 이를 개념적 수준(the conceptual level)이라 칭하였다.

2단계

다음으로 교사는 다이어그램(diagrams)과 은유적 표현(metaphors) 등을 통해 세 가지 접근들이 어떻게 연결되는지 상상해볼 수 있다. 예를 들어, 어떤 사람들은 이 관계를 전수식에서 시작하여 변화식으로 나아가는 발달적(developmental) 방식으로 그려 나간다(그림 3.1을 보라).

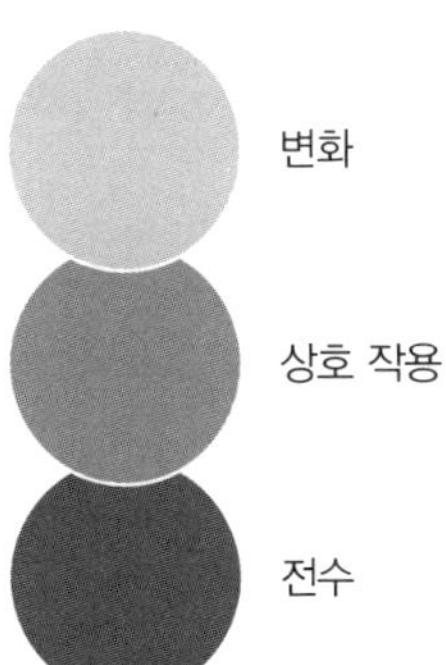

그림 3.1 발달 모델

그림 3.2 포함 모델

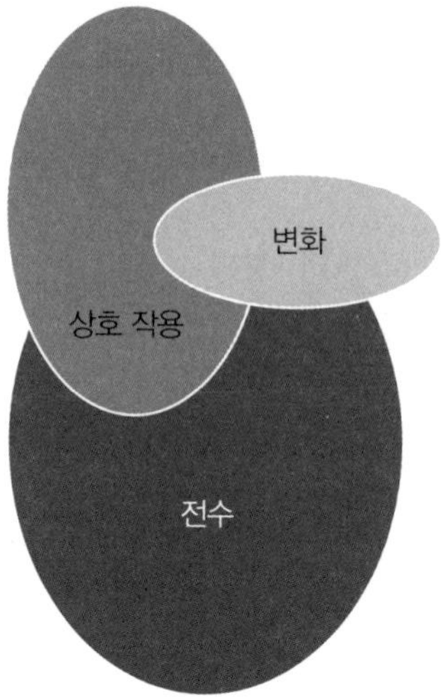

그림 3.3 중첩 모델

이 방법을 선호하는 사람들은 기본 기술을 강조하는 전수식 교수 입장을 맨 아래 기반으로 두고 다른 두 입장들로 옮겨간다.

또 다른 모델은 동심원들을 이용한다(그림 3.2를 보라). 여기서 원들의 크기는 포함성(inclusiveness)을 나타낸다: 변화식 접근은 모든 교수 활동에 있어서 다른 두 입장을 포함한다. 위의 발달적 모델과는 달리 변화식 교수 기술들은 기본 기술을 익히는 전수식 방식들과 나란히 병행하여 사용될 수 있다.

세 번째 모델은 각 교수 방향을 중첩된(nested) 모양으로 표현한다(그림 3.3을 보라). 세 가지 입장들은 교차하는 부분에서 함께 사용될 수 있고 그렇지 않은 부분에서는 개별적으로 사용될 수 있다.

수업 시간에 나는 학생들에게 각 입장의 관련성을 어떻게 보고 있는지 그들의 개념적 이해를 다이어그램으로 표현해 보도록 요청해 왔다.

원들의 크기를 다양하게 표현함으로써 사용하고 있는 각 입장의 정도를 나타내기도 하고, 각 입장이 보다 유동적이고 서로에게 쉽게 흘러들 수 있다는 것을 나타내기 위해 선 대신 점을 찍어 표현하기도 하였다. 어떤 학생들은 나무와 같은 자연물을 도입해 그들의 관계를 보다 은유적인 방식으로 묘사하기도 하였다. 발달적 모델에서처럼, 뿌리(전수식 입장)는 기초를 제공하고, 줄기(상호 작용식 입장)는 영양분을 공급해 주고 뿌리와 가지들의 연결을 도와주며, 변화무쌍한 가지들과 잎사귀들은 변화식 입장을 나타낸다. 다른 개념들을 가지고 이같이 **놀이**(play)를 해봄으로써 우리는 세 가지 입장들이 어떻게 함께 작용하여 통전적 교수를 창출하게 되는지에 대한 개괄적인 이해를 얻게 된다.

내가 놀이라는 단어를 굵은 서체로 표현한 것은 우리의 접근은 여러 가지 매체들을 이용하여 재미있게 창조해낸 다양한 대안적인 식견들 중 하나여야 하기 때문인다. 또 다른 학생들은 자신들의 개념들을 표현하기 위해 삼차원적 모델로 제시하기도 하였다. 그 중 한 명은 모빌을 만들었다. 전수를 가리키는 한 화살과 상호 작용을 가리키는 두 개의 쌍방향 화살을 만들고 뫼비우스 띠(끝부분을 점차로 꼬아 양 끝을 안팎으로 이어붙여 만든 원)가 이들을 품고 있는 것으로 변화식 입장을 표현하였다.

3단계

이 단계에서, 교사는 각각의 입장들로부터 본인이 편안함을 느끼는 몇몇 교수 전략들을 확인하게 된다. 이를테면 짧은 강의(전수형), 문제 해결 활동(상호 작용형), 시각화(visualization) 연습(변화형)과 같은 것들이 포함될 것이다. 예를 하나 들어보자. 학생들이 공동체 형성에 대한 계획을 발전시키고 있다고 하자. 그들의 시작은 도시/공동체 계획에 대한 강의를 읽거나 듣는 것이 될 수 있다(전수적 입장). 그 다음 학생들은 대안적인 시나리오나 공동체들을 가상화해 볼 것이다(변화식 입장). 마침내 그들은 문제 해결 과정을 통해 원하는 계획을 창안해낼 것이다(상호작용식 입장). 전략들을 선택할 때 교사들은 다음의 요인들에 주목할 필요가 있다:

- 목표 혹은 결과. 선정된 전략들은 단원이나 학습의 대략적인 목표와 맞아야 한다.
- 흐름. 각 전략은 학습자로 하여금 이해하기 힘들게 하는 갑작스러운 변동을 주기보다는 교실에서 가능한 가장 좋은 흐름을 창출할 수 있어야 한다. 다시 말해 다양한 입장들과 전략들을 활용하는 움직임이 강제적으로가 아니라 자연스럽게 보여야 한다.
- 시간 배분. 때때로 너무 많은 활동들이 계획되면 학생들이 정신없게 된다. 한 가지 활동에도 충분한 시간이 필요함을 명심하라.

전인 교수의 예들

이 장의 나머지를 통해 통전적 교수의 예들을 제시하고자 한다. 루돌프 슈타이너(Rudolf Steiner)의 왈도르프 교육(Waldorf Education), 그리고 몬테소리 교육(Montessori Education)을 먼저 살펴보고자 한다. 두 접근 모두 몸과 이성, 영혼을 아우르는 전인 아동에 중점을 두고 있다. 그 다음에 따르는 예들은 네 가지 다른 교육적 상황—초등, 고등, 대학, 그리고 교사 교육—에서 일하고 있는 여섯 명의 교사들의 이야기다.

왈도르프 교육—주요 수업

왈도르프 학교에서는 아침 시간을 주요 수업으로 시작하는데 대략 오전 9시에서 11시에 이루어진다. 한 교사는 대개 1학년부터 8학년까지 아이들과 함께하며, 그의 가장 큰 책무 중 하나는 주요 수업을 담당하는 것이다.

주요 수업은 영어, 수학, 지리, 역사, 과학 과목을 함께 다룬다. 예술에 대한 교사의 인식이 통합을 위한 핵심적 수단이 된다. 보통은 학생들이 지금 배우고 있는 시들을 같이 읽는다거나 노래를 부르면서 수업을 시작한다. 슈타이너는 어린아이들은 예식(ritual) 활동을 좋아한다고 인식하고, 이를 프로그램의 여러 측면에 담아 내었다. 노래를 부르며 시작한 수업은 학습 주제와 관련한 교사의 강연으로 이어진다(전수).

예술은 각 주요 수업의 중심이며, 예술적 감각은 수업을 통합하는 요인이 된다. 학생들은 빈 공책에 지금 배우고 있는 것을 그려보고 색을 칠하기도 한다. 리차드(Richard, 1980)에 따르면,

> 주요 수업은 잘 듣고, 몸을 움직이고, 생각하고, 느끼는 능력을 아이들에게 요구할 것이다. 예술적인 활동은 특히 이런 요청과 직결된다: 예술은 직접 해보고 만드는 경험이기에. 예술 작품은 또한 아이들의 감성을 이끌어 표현하게 하며, 직관적 사고(intuitive thinking)를 북돋아 어떻게 작업을 완성할 수 있을지를 알게 한다. 어떤 교사들은 저학년 아이들에게 칠판에 그려진 것들을 따라 그리도록 허락해 준다. 이는 다른 방식으로는 가르칠 수 없는 방식들을 아이들로 하여금 익히게 해 그리도록 하기 때문이다. 다른 시간에는 자유롭게 그림을 그린다. 교사마다, 학년마다 다양성이 존재한다(p. 25).

이러한 **변화식** 전략에서는 물감뿐만 아니라 밀납 크레용, 색연필 등이 이용된다. 학생들로 하여금 그림을 그리면서 색깔을 느껴 보도록 하여 예술 경험이 추상적인(abstract) 것이 되지 않게 한다. 저학년 아이들에게는 그림을 그리면서 이에 대한 이야기를 하게 할 수 있어, 언어와 예술이 연결된다. 학생들은 녹색을 만들기 위해 노란색과 파란색과 같은 원색을 섞어 보기도 할 것이다. 색깔들을 섞어보기 전에 한 이야기를 들려 줌으로써 색을 섞는 경험이 아이들의 상상력과도 연결되게 한다. 저학년에서는 보통 검정색과 흰색의 사용을 피하고 있다. 왜냐하면 그 색깔들은 추상적이고 어린아이들에게 생동감을 주지 못하기 때문이다. 유사한 이유로 아이들은 모양의 테두리를 그리는 대신 색을 채워 모양을 만든다. 사물의 형상들은 딱딱한 경계선이 아니라 각양의 색으로부터 드러난다. 또한 그려보고, 모델을 만들고, 디자인하고, 실을 이용한 작업 등을 하면서 예술은 수학 영역과도 연결된다(Richards, 1980). 수학 문제들을 풀기 위해 모델을 만들거나 디자인을 하는 것 같은 방식을 활용하는 것은 **상호 작용식** 측면이다.

몬테소리—우주적 교육

마리아 몬테소리는 초등학교 아동들을 위해 만든 프로그램의 한 요소를 지칭하기 위해 **우주적 교육**(Cosmic Education)이라는 용어를 사용하였는데, 이는 그녀의 비전이 지닌 영적 특성을 강조하고 있다. 그녀의 아들, 마리오 몬테소리(Mario Montessori, 1992)는 우주적 교육을 이렇게 기술하고 있다: "우주적 교육은 감성이 적절한 시기의 아이들에게, 그들이 개인적으로 어떠한 기여의 수준과 범위에 있든지, 그들의 이성과 비전, 창의력을 기르는 데 필요한 자극과 도움을 제공하고자 한다"(p.

101). 아이들이 개별적인 사실들을 이해하기 위해서는 '우선적으로 전체에 대한 관심'(a prior interest in the whole)을 지녀야 한다고 그는 말한다. 이는 생물체와 무생물체 간의 상호 의존성을 중시하는 생태학적 원칙들을 학생들에게 소개해 줌으로써 부분적으로 행해질 수 있다. 마리오 몬테소리는 연어의 생명주기와 환경과의 관계를 배우고 있는 학생들을 일례로 제시하기도 하였다.

에이라인 울프(Aline Wolf, 2004)는 마리오 몬테소리의 우주적 교육관에 대해 이렇게 말한다:

> 본질적으로 몬테소리의 우주적 교육은 우선 아이들이 수십 억의 은하계를 가진, 모든 것을 포괄하는 우주라는 감각을 갖도록 한다. 그 다음은 우리가 사는 은하계와 태양계, 그리고 지구와 그의 지질학적 역사, 최초의 생명체, 모든 종의 식물들과 동물들, 그리고 마지막으로 인간 순으로 초점을 맞추고 있다. 전체 학습에 내재하는 것은 모든 피조물들 간의 상호 연결성(interconnectedness), 사물들의 단일성(oneness)이다(p. 6).

우주적 교육은 아이들 자신이 우주라고 하는 커다란 틀 속에 자신들의 자리를 놓도록 돕는다. 여기서 드러난 우주의 이미지는 하나의 질서(order)와 목적(purpose)이다. 인간들도 우주의 일부라는 이해는 국가들 혹은 종교들이 나눈 경계선 너머에 있는 공동의 참조점(a common reference point)을 학생들에게 전달해 준다.

우주적 교육은 또한 아이들에게 삶에 대한 경외심과 지구를 돌보는 마음을 배양하도록 도울 수 있다고 울프는 지적하고 있다. 우주라고 하는 거대함 속에서 기적과 같은 지구상의 생명체를 바라보는 것은 학생들의 삶과 지구 자체를 보다 깊이 있게 평가하도록 도울 수 있다. 그

러므로 우주적 교육은 학생들에게 감사함의 깊이를 더해줄 수 있는데,

> 예들을 들어보면, 산들 사이에 깃든 아름다운 계곡을 보면서 그것은 수천 년 동안 산등걸을 깎아 내린 물에 의해 형성되었다는 사실을 우리는 반추해볼 수 있다. 차나 기차를 올라타면서 인류사를 돌이켜보고 바퀴를 처음으로 만들어낸 사람에게 감사한 마음을 가질 수 있다. 유구한 우주의 패턴에 대한 인식, 그 안에서 우리는 작디작은 부분에 불과하다는 인식은 우리를 한없이 겸손하게 만들고 자연이 행한 모든 노고와 선조들의 노력에 존경심을 표하게 한다(p. 16).

울프에 의하면 우주적 교육은 아이들에게 삶의 의미와 목적 의식을 제공할 수 있다. 마리아 몬테소리 또한 사람 안에 있는 영적인 배아(spiritual embryo)가 잘 자양되어야만 학생들이 지구상에서의 자신들의 목적을 찾아갈 수 있다고 인식하였다. 전략적 차원에서 볼 때, 우주적 교육은 교사가 서로 다른 전통적 배경—'아메리카 원주민, 아프리카, 중국, 에스키모, 구약성서'와 같은—에서 온 이야기들을 읽어 주면서 시작될 수 있다(p. 91)(**전수**). 존 파울러(John Fowler)는 '빛의 연대표'(Time Line of Light)라는 전략을 개발하여 아이들에게 지구와 우주의 변천을 이해하도록 돕는다. 그는 그 시간적 전개를 보여 주기에 앞서 학생들에게 눈을 감게 하고 우주의 시초에 관한 상상력이 가미된 이야기를 읽어 준다. 그런 다음 심상(visualization)으로 보았던 것을 그려보게 한다(**변화**). 몬테소리도 학생들이 자연을 관찰하는 것을 장려하여 자연 세계에 대한 경외감을 발전시키고자 하였다. 그녀는 학생들에게 새가 알을 낳고 이를 돌보는 것을 지켜보도록 제안하였다. 아이들은 알을 낳을 때부터 부화할 때까지 며칠이 걸리는지를 기록할 수 있었다(**상호 작용**).

교사들의 짧은 예화들

다음은 여섯 명의 교사들이 어떻게 위의 세 가지 입장들을 운용하는지 보여준다.

초등학교 교실:

글리니스 버나도(Glynnis Bernardo)

—

나는 가톨릭 초등학교에서 가르치고 있어요. 우리 학교 종교 프로그램에는 사회 정의 부분이 포함되어 있습니다. 어느 날, 우리는 가난한 사람과 부자들 간의 불균형에 대해 학습하게 되었어요. 나는 3학년을 처음 담당하기 때문에 수업에 대해 많은 것을 예상하지 못하였죠. 다만 여덟, 아홉 살 아이들이 자신들보다 적게 가진 사람들과 무슨 연관을 지을 수 있을까 내멋대로 짐작하였습니다. 하지만 제가 틀린 거죠.

종교 과목 교사 참고서의 추천 활동을 따라 나는 학생들에게 서로 다른 개수의 티켓을 나눠 주었습니다. 학생들은 처음엔 무슨 일이 일어나고 있는지 가만히 쳐다보거나 의아해하는 눈치였어요. 그 다음엔 질문이 시작되었어요: "저는요? 저에게 주시는 것을 잊으셨어요! 어째서 저 아이는 나보다 많이 가지고 있죠?" … 잠시후 나는 학생들에게 말하였어요. "그 빨간 티켓이 무엇을 위한 것인지 분명 너희들은 궁금할 것이다. … 티켓을 가진 사람은 쉴 수 있는 기회를 '구입'할 수 있다. 티켓을 나에게 하나 주고 자기가 하고 싶은 것 한 가지를 선택할 수 있다—어떤 것이라도. 컴퓨터 게임을 하거나, 영화를 보거나, 심지어는 밖에 나가 축구를 해도 좋다."

"하지만 티켓을 갖지 못한 사람은요?"라고 한 학생이 물었어요.

"음, 정말 안됐지만 그런 사람은 나와 함께 남아서 공부를 해야 한다."

티켓을 갖지 못한 아이들이 부당하다며 자동적으로 항의를 하면서 울기 시작하였고 티켓을 하나 이상 가진 아이들은 미소 짓거나 쾌재를 불렀습니다.

우리는 각 그룹이 경험한 느낌들에 관해 이야기를 나누었고 나는 아이들에게 삶 속에서 부당하게 겪는 일들에 대해 의견을 나눴어요. 어떤 사람들은 운이 좋아 아주 많은 것들을 가지고 있지만 또 다른 사람들은 거의 가지지 못하거나 아예 아무것도 없습니다.

나는 다음 활동을 위해 티켓을 다시 모았습니다. 그리고 여섯 명의 학생들에게 다시 네 개씩을 나누어준 다음 티켓을 가지지 못한 나머지 아이들로부터 그들을 격리시켰어요. 한 학생은, 만일 그 여섯 명의 학생들이 골고루 티켓을 나누게 되면 우리 모두는 똑같이 하나씩을 가지게 될 것이라고 말하였습니다. 그리고 결론 짓기를 그것이 공평하며 그래야 한 사람도 낙오가 없을 거라고도 하였어요.

우리는 그런 생각에 대해 토론하였으며, 나는 학생들에게 지구의 북반구와 남반구의 격차에 대해서도 말해 주었습니다. 북반구에는 마치 여섯 명 학생들처럼 적은 수이지만 더 많은 것을 가지고 있으며 남반구에는 더 많은 사람들이 살고 있지만 티켓을 가지지 못한 나머지 학생들과 같다고. 나는 아주 조심스러웠어요. 이것은 다만 핵심 주제를 표현하기 위해 티켓을 사용한 시연이었기 때문이죠—물론 많은 부자들이 남반구에도 살며 가난한 사람들도 북반구에 많이 있습니다. 우리가 서로 나누어 가지기만 한다면 이 세상에는 모두가 먹을 만큼 충분한 식량이 있다는 것을 알고 있습니까?

이 질문은 매우 흥미로운 토의를 유도하였고 사람들이 식량을 나누지 않는 이유에 대해 학생들은 짝을 이뤄 의견을 나누었습니다. 그들이 내놓은 이유들은 '사람들은 욕심이 지나치다', '사람들은 서로 돕기를 원하지 않는다', '그러나 그들은 그렇게 해야만 한다' 등이었습니다.

한 아이는 손을 들어 말하기를, "글쎄요, 저는 노숙자들에게 무언가를 주고 싶어요. 하지만 예를 들어 제가 돈을 그들에게 준다면 그들은 아마도 그 돈으로 담배를 살 거예요. … 담배는 다른 사람들을 죽일 수도 있어요. 그들이 좋지 않은 일들을 위해 쓰도록 제가 돈을 줘야 하나요?"

나의 교실에 기적과 같은 일이 일어난 순간이었습니다. 너무나도 훌륭한 질문이었기 때문입니다.

다른 남학생이 손을 들어 말하였어요. "내가 어른이 되고 일을 하여 돈을 벌게 되면 나는 그것들을 가난한 사람들에게 주고 싶어요. 하지만, 나는 열심히 일하는데, 노숙자들은 할 수 있음에도 불구하고 일하지 않는다면, 왜 그들에게 돈을 줘야 하나요?"

학생들이 던진 대단한 질문들이죠!

나의 분석

이 수업은 세 가지 교수 모형을 모두 보여준다. 내가 학생들에게 부자와 가난한 자의 불균형에 대한 정보와 사실들을 제공하여 준 것은 **전수식** 방법이다. 이 주제에 관해 학생들이 잘 모르고 있다는 가정하에서 나의 지식을 그들과 나누었다. 불평등하게 갖게 된 티켓들에 대한 학생들의 토의와 경험은 **상호 작용식** 교수 형태를 보여 주는데 이것을 통해 학생들은 상호 작용을 하였으며 가난에 대한 자신들의 생각을 발전시켜 나갔기 때문이다. **변화식** 교수의 순간은 돈을 나눠주는 자신의 좋은 의도가 결국에는 또 다른 사람들을 죽일 수도 있다고 한 여자 아이가 의문을 가지기 시작하였을 때이다. 가난에 대한 학생들의 견해가 변화되는 순간이었다—아이들은 단 한 가지 방법으로 해결할 수 없다는 것을 발견하게 되었다.

고등학교 수업의 예(프랑스어):

낸시 지그로빅(Nancy Zigrovic)

—

온타리오 주의 공립 고등학교 학급 담임 교사로 일하면서 교육부와 학교, 그리고 공동체의 기대에 부응하는 균형 잡힌 일과를 수행하는 것은 결코 작은 과제가 아닙니다. 세 가지 교수 모형, 즉, 전수식, 상호 작용식, 변화식 교수 모형을 매일 매일 수업에 접목하는 것은 학생들과 의미 있는 연결을 맺도록 하는 기본적인 틀을 제공해 준다는 사실을 나는 발견하게 되었습니다. 최근 12학년 프랑스어 몰입 수업(French Immersion class)을 통해 학생들과 함께 하였던 한 단원을 일례로 제시할까 합니다.

내 앞에 앉아 매일 첫 시간을 보낸 12학년 30명의 학생들이 고등학교 마지막 학기에 이르게 되었기 때문에 나는 학생들에게 '유산을 남기는 것'(Leaving a Legacy)을 학기 내내 수업의 중심 주제로 사용할 것을 제안하였습니다. 매일 아침 우리는 5분정도의 짧은 명상으로 하루를 시작하였지요(**변화식 전략**). 학생들은 명상을 통해 하루를 보다 여유롭게 시작하고 집중할 수 있었으며 바쁜 일과 속에서도 명상법을 지속적으로 사용하였다고 제게 전해 주기도 하였습니다. 그 다음 우리는 알버트 까뮈(Albert Camus)의 『이방인(L'Etranger)』과 같은 프랑스의 중요한 작품들을 함께 읽는 것으로 옮겨 갔습니다. 그것들을 함께 읽는 동안 나는 실존주의 철학을 강의하기도 하고 지문의 주된 문법 구조나 어휘들을 가르쳤습니다(**전수**). 때로는 쪽지 시험과 퀴즈로 학생들의 학습을 평가하기도 하였고요.

중심 주제를 지속적으로 완성해 가기 위해서 우리는 작품을 함께 읽은 후 공개 토의를 하기 시작하였습니다. 까뮈의 유산, 역사적 인물들이 남긴 긍정적이며 부정적인 유산들, 오늘의 사회에 끼치는 유산들을 주제로 삼았어요(**상호 작용**). 학생들의 학습은 구두 응답을 통해 측정되기도 하며 때로는 특정한 토의에 대한 서면 응답으로도 평가됩니다. 또한 학생들은 관련된 주제를 가지고 연구 과제를 완성해야 합니다. 연구 결과들은 짧은 발표를 통해 서로 공유하기도 하였으며, 학기말에는 인상적인 연구 에세이를 썼습니다.

학생들에게 유산에 대한 그들만의 의미를 창출하도록 기회를 주기 위해(**변화**), 각 학생들은 학기 동안 '유산 프로젝트'를 완성하도록 하였습니다. 나는 그들에게 늘 하고 싶었지만 하지 못하였던 것들을 행하는 시간으로 프로젝트를 사용하여 그들의 삶 속에 유산으로 기록해 놓도록 장려해 주었어요. 예를 들면, 할아버지와의 관계가 그다지 좋지 못한 한 학생이 있었어요. 이 프로젝트를 완성하기 위해서 그 학생은 자진하여 할아버지가 계신 시설을 찾아갔고 지금은 할아버지와 훨씬 가까운 관계를 유지하고 있습니다. 또 다른 학생은 교회와 끈끈하게 연결되어 있는 그의 가족(프랑스 캐내디언)을 이해하기 위해서 가톨릭 원전을 배우면서 시간을 보냈습니다. 어떤 학생은 11학년 때 시작한 책쓰기를 늘상 끝마치고 싶어하였는데 이번 학기를 통해서 이 일을 해냈습니다. 매일 수업의 마지막 부분은 이 프로젝트를 위해서 할애됩니다. 나는 학생들의 진전과 고충을 듣기 위해 개별적인 만남을 가졌고 문제를 해결하기 위해 아이들끼리도 서로 도움을 주고 받았습니다. 마지막 두 주 동안에는 여섯 명씩 다섯 조로 나누어서 프로젝트에서 행하였던 것들을 나와 다른 친구들에게 발표하였습니다. 아이들과 함께 만들어 놓은 평가 척도로 프로젝트에 대한 교사 평가, 동료 평가를 완성하였답니다. 몇 해 동안을 서로 알고 지낸 학생들도 얼마나 많은 것들을 또 배우게 되었는지 말하였으며, 더욱 중요한 것은 각 학생이 자기 자신에 대해 뭔가 새로운 것을 알게 되었다는 사실입니다.

고등학교:

레니 코헨(Renee Cohen)

—

교사로 일하면서 나는 이야기 나누기(storytelling), 심상화(visualization), 나눔 서클(sharing circles)의 교수 전략들을 주로 사용하고 있는데 이는 공동체 의식을 조성하고, 학생들로 하여금 사색적인 예술가들이 될 수 있는 충분한 공간을 만들어 주며, 학습과 성장의 참조점을 제공해 주기 위함입니다. 다음에 묘사하는 수업은 학생들에게 온전한 예술 중심의 통전적 학습 환경(an arts-based holilstic learning environment)을 마련해 주려는 희망을 가지고 세 가지 학습 전략—전수, 상호 작용, 변화—들을 사용하고 있습니다. 몇몇 학생들은 전수식 학습 단계에 머무르고 있지만, 대부분의 아이들은 세 가지 학습 영역을 안팎으로 엮어서 삶을 변화시키는 순간들을 창조해 나갑니다.

고등학교 드라마 수업에서 나는 적어도 한 주에 한 번 동화책을 읽어주고 있습니다. 학생들의 상상력을 진작시키고, 이야기를 그들의 삶과 연결하고, 나아가 학습의 증진을 도모하려는 목적이 있지요. 동화책의 아름다운 그림들과 훌륭한 메시지들은 학생들로 하여금 그들의 어린 시절의 상상력을 일깨워 주며 긍정적인 학습 환경의 불을 지펴 줍니다. 간단히 말하면 여기서 책을 읽어 주는 것은 **전수식 학습** 접근이며 자극-반응의 방법이라 할 수 있습니다.

다음으로 이어지는 활동들은 사회적인 성찰(social reflection)을 포함하고 있는데 이는 **상호 작용식** 학습을 보여 줍니다. 학생들은 이야기 속의 내용들과 인지적 상호 작용을 통해 자신들의 삶, 그리고 자신들의 교육 여정과 연관을 짓게 됩니다. 여기서 도나 노턴(Donna Norton)의 말을 인용하자면, "문학은 유혹하고, 동기를 유발하고, 가르침을 준다. 그것은 발견으로 가는 문을 열어주고, 끝없는 탐험과 즐거움의 시간을 선사해 준다"(Norton & Norton, 2002, p. 4). 이러한 동화책들은 상상력, 무대 공포증, 창의성, 사람들 사이의 관점들과 같은 주제들을 포함합니다. 동화책 속의 이야기들은 교과목과 밀접한 관계를 유지하며, 학생들이 두려움에 처하였을 때 혼자가 아니라는 것 그리고 그러한 감정은 아주 평범한 것임을 깨닫도록 도와 주기도 합니다.

이와 더불어 매주 금요일 또는 한 주의 마지막 시간에 학생들은 나눔 서클에 참여하게 되지요. 바닥에 둥그런 원형으로 앉아서 10~15분 가량 한 주간의 중요한 일(highlight)과 그렇지 않은 일(lowlight)들에 대해 이야기를 나눕니다. 물론 건너뛸 수도 있어요; 그러나 대부분의 학생들은 적어도 한 가지를 그룹원들과 이야기 나누게 됩니다. 실은 이것이 바로 한 주간의 하이라이트라 할 수 있지요. 학생들은 그룹 속에서 편안함을 느끼게 되며 개인적인 이야기와 일화 등을 반 친구들에게 안심하고 말하게 됩니다. 개인에게 도전이 되는 것을 친구들과 함께 극복하게 되고 심각한 사회적인 문제들에 대한 의사 결정자가 되기도 합니다. 이 활동에서 우리는 상호 작용식 학습을 발견할 수 있습니다. 학생들은 문제 해결과 사고 기술을 사용하여 난해한 청소년기 상황들을 정직하게 헤쳐 나가게 됩니다. 단편적으로 전수되는 정보만을 받아들이지 않고 자기 자신을 중심에 놓고 적극적으로 학습합니다. 이 나눔 서클은 학생들에게 자신의 이성과 마음과 영혼을 더 큰 그룹에게 열어갈 수 있도록 안전한 공간을 제공해 줍니다.

끝으로, 제가 말하고 싶은 활동은 **변화식 전략**의 하나로 안내된 심상 연습(guided imagery exercises)입니다. 저의 지난 경험에 비추어 보건대, 심상화는 학생들에게 '개인적인 발전과 더불어 사회적인 성장을 증진'시켜 변화식 학습 경험을 가져오는 잠재적인 힘이 있습니다. 저는 매주 한 번씩 심상화 활동이나 편안함을 가져다주는 연습을 계획합니다. 학생들에게는 그들이 원하는 날, 필요한 만큼 이러한 활동을 지속하게 하고 중요한 발표나 시연이 있는 날 이것들을 적용해 보도록 유도하기도 합니다. 눈을 감고, 숨을 고르며 상상력을 불러오는 것은 아이들에게 엄청나게 큰 안도감과 에너지를 부여한다는 것을 발견하였습니다. 또한 난해한 드라마나 몸동작을 가르칠 때도 심상화 방법으로 시작하는데 학생들은 이를 통해 과제에 대한 시각적 참조(visual reference)를 갖게 됩니다. 이 방법은 학생과 교과서가 실제적이고 실천적인 방식으로 연결되도록 이끌어 줍니다. 이는 '머리와 마음과 손'이 조화된 전인을 담아내는 활동으로, 학생들은 이를 통해 의미 있고 참된 변화적 학습에 관여하게 됩니다.

최근 들어 저는 비교적 초기 교사 시절에 창안하였던 교수 메타포를 되뇌이게 되었습니다. 종이 위에 한 메타포를 쓰고 그것이 실현되기를 바라는 것과 실제로 그 메타포가 되는 것은 다르다는 것을 깨달았지요. 우연한 기회에 '나비'(The Butterfly)라는 제목의 잘 안내된 심상화에 대한 글을 읽게 되었고, '학생들에게 마음의 여행을 떠나게 해주어, 내가 교수 사명 진술을 쓰며 꿈꾸었던바, 학생들로 하여금 실제로 아름다운 나비들이 되어 보도록 하는 틀을 제공해 준다면 얼마나 멋진 일일까?'라고 자문하였습니다. 어느 날 저는 반 학생들에게 다음과 같은 심상 연습을 안내하였습니다. "애벌레를 상상해 봅시다. 서식지인 나무 위를 기어가고 있는 애벌레를 지켜보고 있다고 합시다. … 차츰차츰 그것은 금실로 둘러싸여 점점 모습이 숨겨지고 … 이제는 껍질 안으로 사라져 갑니다. … 마침내 그 껍질은 부서지고 한줄기 빛이 좁은 틈으로 들어옵니다. … 껍질이 점점 깨어져 나가고 있음을 느끼면서 나를 안전하게 지켜주고 과거를 지탱해 주었던 것들도 버려야 함을 발견하게 됩니다. 여러분은 이제 그 어느 때보다도 자유롭습니다; 여러분은 아름다운 색깔들을 뽐내는 나비가 됩니다"(Ferrucci, 2004, p. 121). 이 활동의 마지막에 이르러 저는 학생들에게 활동을 돌아보고 피드백을 하도록 요청하였어요. 반에서 부끄럼과 겁이 많던 한 학생은 활기차게 손을 들고는 "나 자신이 그 껍질과 같았어요. 놀라운 일이었어요"라고 말하였습니다. 이러한 답변을 듣고 또 학생들의 얼굴에 찬 미소를 확인하면서, 저는 심상적 참조가 진짜 잘 작동한다는 것을 깨달았습니다. 어떤 사물이 되어 보게 하는 것은 학생들이 앞으로 전진해 가는 데 필요한 관점을 제공해 줍니다.

가르치는 일을 하는 동안 저는 어떻게 하면 학습을 가능한 한 가장 경험적인 것으로 만들 수 있을까 하고 늘 고민하였습니다. 교실에서의 경험을 실제적이며 삶에 적용 가능한 것으로 만들기 위해 애를 썼지요. 우리는 매일의 삶과 연관이 거의 없는 개념들과 모형들을 너무도 자주 학습하게 됩니다. 학습이 항상 즉각적으로 적용되는 것은 아니지만 지구 위에서 살아가는 우리들의 존재와 어떤 연결을 가져야 하는 것은 당연한 것입니다.

드라마

켈리 나이(Kelli Nigh)

—

드라마를 가르치는 것은 전인 학생에 적극적으로 관여하는 기회가 된다. 지난 몇 년간 드라마 수업에서 호흡과 발성의 기본에 대한 실천적인 가르침을 주는 일이 특별한 도전이 되어 왔다. 학생들이 알아들을 수 없게 소리를 내거나 목소리가 기어들어 가기 때문에, 몇 개월의 준비기간을 희생하고 겨우 들어선 최종 단계의 활동에서조차도 맡은 배역을 소리 질러 표현하라 주문해야 하며, 너무도 훌륭한 많은 작품들이 이 같은 어려움을 겪는다. 학생에게 마이크를 쥐어주는 것은 장기적으로 볼 때 이 문제를 해결하지 못한다. 공간을 관통하도록 목소리를 내는 법을 배우는 것은 지식과 실험, 그리고 중요한 감각적 경험을 통해 점진적으로 얻게 되는 인식과 근본적으로 관련되어 있다.

가장 효과적인 목소리 훈련에 대해서 전문가들 사이에 상당한 논쟁이 있다. 몇몇 접근들은 기술적(혹은 기계적)인 접근인데, 몸, 얼굴, 입 등 각각의 발성 영역을 설명하고 연습하는 것이다. 다른 형이상학적 접근들은 몸 전체에 접근하는 것에 초점을 맞추며, 호흡과 심상화를 통해 목소리와의 연결을 구축하고자 한다. 두 가지 접근 모두 목소리를 '통제'(discipline)하고 '해방'(free)하는 것 사이의 한 연속선을 이루는 예들이라 하겠다. 기술적 차원은,

비록 반복이 요구되긴 하지만, 탐구와 놀이를 통해서 학습될 수 있다. 어떤 학생들은 자신의 몸을 관통하고, 방 위를 돌다가, 도시 위로 떠오르고, 하늘을 통과해서 태양으로 다가갔다 돌아와 자신의 명치에서 집을 찾는 심상화 여행(visualization journey)을 선호한다. 이러한 여행의 자유로움에 기인한 즐거움은 학생들이 만들어 내는 소리를 통해서 나오게 된다. 이 두 가지 학파 안에서 전수, 상호 작용, 변화 교수 방법이 모두 가능하다.

학기 초 발성을 시작하면서부터 바닥에 배를 대고 엎드려 두 손을 가지런히 배 옆으로 내리고 어떻게 호흡을 연습하는지 학생들에게 시범을 보여준다. 온 몸이 호흡을 위한 통로가 되어야 할 필요가 있다고 강조한다. 숨을 들이쉴 때는 배가 팽창하고 내쉴 땐 수축하게 된다. 마침내 소리 내는 것을 연습하는 데 작은 한숨이 날숨에 섞여 나오게 한다. 이같이 간단하게 시범을 보여주는 것은 **전수** 교수 방법을 의존하고 있다. 이 때 분명한 교육학적 초점은 기초적인 발성 기술을 습득하기 위해 학생들은 무엇을 해야 하는가를 전달하는 데에 있다. 특히 강조되어야 하는 것은 안전과 정확성이다. 시범을 보여 주면서 다이어그램을 함께 사용할 수 있는데 이를 통해 예를 들면 횡경막, 후두, 구개 등의 기능을 설명한다.

기본 기술이 소개된 후에 학생들은 협력하게 된다. 이 단계의 학습은 **상호 작용** 교수 방법을 따르고 있으며 학생들은 자신들이 인식한 바를 실험해 보고 상대방과 이야기 나누면서 소리와 호흡으로 확장해 간다. 상호 작용 방법은 학생들이 자신의 몸에 느껴지는 팽창들(tensions)을, 어떤 특정 기술에 실패한 것은 아닌가 하는 느낌을 갖지 않으면서, 수용할 수 있도록 공간을 열어준다. 학습의 초점은 탐구에 있다. 나는 먼저 이런 과정이 몸에 어떻게 느껴지는지를 질문한다. 한 학생이 어깨에 느껴지는 팽창을 확인하는 반면, 지켜보던 다른 학생은 다른 곳에 발생하는 팽창을 주시하거나 듣게 될 수도 있다. 학생들 모두는 발성 습관과 잠재력을 어떻게 더 탐구해 나갈까에 대해 전략을 세우게 된다.

그러나 여러 해에 걸쳐 내가 발견한 것은, 내 시범과 학생들의 탐구, 그리고 셀 수 없이 행한 많은 심상화 활동에도 불구하고 학생들은 소리 공명을 확실히 통달하지 못하였다는 것이다. 몇몇 학생들만 공명을 느낄 수 있는 아주 잠깐의 순간들을 경험하였다고 말하였다. 보통은 미세한 떨림을 코와 입에서 느끼는 정도였다. 그러나 나는 개인들을 위해 **변화식** 연습을 고안하였다. 토빈 하트(Tobin Hart, 2001)는 변화적 경험을 하는 동안 우리들은 현재의 형식(current form)을 뛰어넘는다고 기술하였다. 이것을 할 때, 우리는 '창조의 파고, 꺼졌다 다시 일어서는 것을 끊임없이 반복하며 새로운 형태들을 만드는 그 물결을 타게 되는 것이다'(p. 129).

어느 날 아침 학생들과 나는 단체로 공명을 경험하였다. 말하자면 교실 전체가 소리의 물결을 타는 경험을 하였던 것이다. 반 전체는 어떤 음을 내보기로 하고, 각 학생이 한 음을 허밍으로 하면 모두가 그 음에 동참해 3분정도 지속해서 냈다. 중간중간 학생들은 숨을 쉬기도 하지만 그 단음을 지속하여 노래하였다. 이 특별한 날, 흥분의 기운이 감돌았다. 학생들은 소리가 온 방안을 출렁이는 것만 같다며 소리의 느낌을 묘사하기 시작하였다. 한 학생은 마치 우리 그룹이 연못이 된 것인양 둘러앉은 중간에 자신의 손을 담그고 "저는 우리 그룹을 느낄 수 있어요"라고 말하였다.

이 학생은 자신의 경험을 소리 내어 말함으로써 이해의 가장자리로 막 들어선 현상을 구체화하면서, 우리 모두로 하여금 잠시동안 연못가에 발을 디딜 도록 허락하였다. 교수와 학습을 위해 **전수, 상호 작용, 변화**의 접근을 사용하는 것은 전인으로서의 개인과 전체 학급의 요구를 조율하는 일을 용이하게 해준다.

대학교(창의적 문제 해결):

신디 버네트(Cyndi Burnett)

—

나는 버팔로 주립대 국제 창의성 연구 센터(International Center for Studies in Creativity, Buffalo State)에서 문제 해결 과정을 중점적으로 다루는 CPS(Creative Problem Solving)라 불리는 학부 과목을 가르치고 있다. 이 과정은 문제 해결에 있어서 인지적 측면에 크게 초점을 두며 감성적이며 직관적인 측면에는 거의 관심을 두지 않는다.

매우 효과적인 체계로 간주되었지만, CPS에 대해 처음으로 배웠을 때 이 과정은 문제를 해결해 가는 내 전형적인 방식을 인정해 주지 않았기 때문에 나는 이 과정과 내가 단절되었다는 느낌을 가졌었다. 논리적인 견지에서 문제들을 바라보도록 문을 열어 주었지만, 이 과정에 아주 중요한 것이 빠져 있다고 계속해서 느끼고 있었다.

처음 과목을 가르치기 시작하였을 때 난 동료들이 제공해준 디자인을 사용하였다. 기본적으로 그것은 전수와 상호 작용 접근에 의존한 것이었다. **전수** 측면에서의 접근은 다음과 같은 작업을 수행하였다: CPS 과정의 50년 역사를 재고; 현존하고 있는 많은 문제 해결 모델들을 비교하고 대조; 다양한 도구의 기술들에 대한 정보와 지침 제공; 그리고 그것들이 어떻게 다양한 환경에 적용되는지에 대한 예들을 제시. 이러한 도구들과 기술들은 창의적이고 비평적 사고와 관련하여 유연성, 유창성, 독창성, 정교함 등의 인지적 능력을 발달시키도록 고안된 것들이다. 이러한 도구들의 적용은 과목 내용의 자연스러운 흐름과 연결되어 나로 하여금 보다 쉽게 **상호 작용** 입장을 교육과정과 접목하도록 도왔다. 학기 내내 학생들은 도전이 되는 것들을 들고 나왔고 주어진 다양한 도구들을 이용해서 문제들을 해결하였다. 그들은 그때그때 상황에 따라 다른 방식으로 사고하도록 자주 도전을 받게 되었다.

불행히도, 처음으로 코스를 마쳤을 때 많은 학생들이 내가 전에 당면하였던 것과 같은 단절의 느낌을 경험하였다는 것을 알게 되었다. 가슴과 영이 아닌 이성으로만 문제를 해결하는 능력을 길러준 게 아닌가 느끼게 되었다. 이 과정에 대한 내 경험을 재고하면서 나는 학생들이—CPS에 대한 새로운 기술들을 얻었겠지만—감성적으로는 결연되지 않았음을 깨달았다. 이러한 깨달음과 함께 확연히 드러난 틈을 메우기 위해 나는 다른 문제 해결 접근들을 연구하기 시작하였다. CPS 과정을 도울 수 있는 미로(labyrinth), 메타포, 콜라주(collages)나 저널쓰기와 같은 성찰적 활동을 살펴보았다. 거기에 감성지능(emotional intelligence)과 직관, 특히 직관이 문제 해결에 주는 영향에 대해서도 연구하기 시작하였다. 이런 탐구들은 이러한 다른 접근들이 CPS 핵심 모델과 병합될 수 있음을 알려 주었다. 기본적인 CPS 도구들을 다시 들

여다보고 이들을 보다 통전적인 것들로 만들기 위한 시도를 하였다.

한 예를 들어 본다면, CPS 과정에는 자료 수집의 단계가 있다. 학생들에게 주어진 상황에 대한 모든 정보들을 모으도록 하는 것이 전형적인 내 교수법이었다. 하지만 나는 자료 수집의 단계를 ASC라 칭하는 모델로 수정하였다—감성적(Affective), 영적(Spiritual), 인지적(Cognitive). 즉, 학생들은 이성으로 측정할 수 있는 모든 것들을 모으기 시작한다(인지적). 언제, 어디서, 누가, 무엇을, 어떻게 등 상황에 대한 사실들을 기록한다. 다음으로는 상황에 얽힌 감정들을 찾는다(감성적). 그들은 어떤 느낌을 가지는가? 이 도전들에 대한 다른 이들의 느낌은 어떠한가? 이 도전은 서로의 관계에 어떤 영향을 주는가? 그런 다음, 학생들에게 자신들의 내적 자아를 생각해 보게 한다(영적). 그들의 결단은 그들에게 무엇을 하도록 요청하고 있나? 그들은 이 도전과 연결되었다고 느낄까 아니면 분절되었다고 느낄까? 그들의 내적 가치들과 신념들에 영향을 주는 문화는 어떠한가? 끝으로 학생들에게 전체의 그림을 보게 한다. 그들은 무엇을 감지하는가? 가장 큰 도전들은 어느 곳에 있는가? 그들은 무엇을 가장 적게 혹은 많이 통제하고 있는가?

둘째로 CPS 코스를 가르칠 때 나는 새롭게 발견한 지식들을 접목하기 시작하였다. CPS 도구들을 보다 통전적인 과정으로 만들어 가면서, 학생들은 서로 간에, 내게, 그리고 가장 중요하게는 그들 자신들과 그들이 당면한 도전들에 연결되고 있다는 것을 발견하였다. 한편으로는 봉사 학습을 접목하였는데 이를 통해 학생들은 자신들이 연마한 기술들을 이용해서 공동체를 돕기에 이르렀다. 이것은 바로 **변화** 입장의 실현이며 너무나도 설득력이 있었다. 사실(facts)을 넘어서는 것에, 어려운 상황에 대해 가지게 되는 느낌과 직관에 대해 학생들은 두려워하지 않았다. 마지막으로 학생들이 써낸 성찰적 글들을 읽으며 그간 내가 수업에 도입한 전수, 상호 작용, 변화 입장들의 영향을 재고하였다. 통전적 관점의 효과는 분명하였다: 통전적 관점은 자신들과 자신들을 둘러싼 세상에 면밀히 연결된 창의적이고 비평적인 사상가들을 효과적으로 개발하는 학습 유형을 창출해 냈다.

교사 교육:

게일 필립스(Gail Phillips)

—

나는 교육학과에서 교사 견습생들(pre-service students)을 가르치고 있다. 우리의 교실은 '부족'(Tribes) 교실과 같다. '부족 학습 공동체'(Tribes Learning Communities)라는 과정의 창시자이며 저자인 진 깁스(Geanne Gibbs, 2006)는 '학생들의 안녕과 성공은 교육과정, 강의, 측정의 결과가 아니며—지능의 결과도 아니고—개별적 독특성의 모든 측면들 속에서 학생들이 전인으로 성장하고 발달하는 것을 강조하는 학교 교육의 결과'라고 믿었다(p. 431).

교육학과에서 보낸 첫 해는 아주 특별하였으며 강의 마지막 날 흥분하여 자신들에게 펼쳐진 인생 여정의 다음 단계를 내딛으려 하는 학생들을 보면서 나는 미소를 지었다. 한 해동안 학생들의 성장은 엄청났다. 그러나 나는 강의실을 둘러보면서 모든 학생들이 '자기 자신만의' 의자와 책상을 가지고 있다는 사실에 놀라게 되었다.

여름에 지난해를 돌이켜보고 다음을 계획하면서 나는 모든 학생들이 자신의 의자를 갖지 않도록 하는 과정들을 실행할 것을 하나의 목적으로 잡았다. 이런 이유로 나는 부족들의 신념 체계(belief systems of Tribes)들을 다른 많은 교수 전략들과 함께 엮어 학습 공동체를 조성하기 시작하였다. 학습 공동체는 특히 중요하다. 교사 계발 차원에서 보면 예비 교사 시절이 결정적인 기간일 뿐만 아니라 또한 상당한 스트레스를 주는 기간이기도 하기 때문이다. 학생들은 토의나 문제 해결을 통해 심오한 학습으로 이어질 만한 어려운 질문들을 교수나 동료들에게 던질 필요가 있다. 이것은 안전하고 협동적인 학습 환경, 즉 서로 다른 의자들을 돌면서 다양한 그룹들 속에서 가르치고 배우는 다각적인 기회들을 요청한다.

주간 수업 시간에 나는 전수, 상호 작용, 그리고 변화 입장들을 사용하고 통합하였다. 학기 초에는 부족 과정(Tribes process)과 함께 네 가지 약속, 즉 경청(Attentive Listening), 상호 존중(Mutual Respect), 통과권(Right to pass), 그리고 감사하기/창피 주지 않기(Appreciation/No put-downs)

를 소개하였다(전수식). 소그룹 토의와 과제를 통해서 학생들은 그 약속들과 어떻게 그것들을 의미 있고 상황에 맞게 소개하고 실행할 것인지에 대해 토론하였다. 한편으로 나는 일 년 내내 토킹 스틱(Talking Stick)의 개념을 소개하였다. 토킹 스틱은 많은 원주민들(First Nations)의 전통에서 평의회를 열 때 전통적으로 사용하던 도구이다. 이는 모든 그룹원들이 자신들의 의견을 말할 기회를 준다. 토킹 스틱은 한 사람씩 차례로 전달되며 이를 손에 든 사람만 말을 할 수 있으며 다른 사람들은 듣게 된다. 원형으로 둘러앉아 모두가 함께 가르치고 배우게 되는 것이다. 이를 위한 단계들을 모델로 만들고 어떻게 사용하는지를 설명하였다(**전수식**). 학생들은 학년별로 나뉜(K-2, 3-4, 5-6, 7-8) 그룹 속에서 토킹 스틱을 그들의 계획에 접목하여 온타리오주 교육과정에 수록된 개념들을 보강하고 나아가 부족이 동의를 이끌어 내는 방식과 특별한 사회적 기술들을 실천하는 방식에 대해 토론하였다(**상호작용식**). 그 다음, 학생들은 여러 재료들(나뭇가지, 색칠된 실타래, 리본, 깃털, 구슬)을 선택하여 자신들만의 토킹 스틱을 만들기 시작하였다. 나뭇가지를 손에 들고 실로 그 주변을 칭칭 감고 깃털과 구슬과 리본을 꽂아갈 때는 숙연한 기운이 감돌았다. 학생들이 토킹 스틱을 만들고 있을 때 두 가지를 생각해 보도록 요청하였다: 그들에게 특별한 의미가 있는 노래와 장소. 학생들이 거의 완성해갈 때 쯤 내 토킹 스틱이 전달되고 있었다. 시간이 멈춰 있는 듯 하였다. 토킹 스틱을 쥔 학생들은 그들이 선택한 노래나 장소에 대한 이야기를 나누었고 기적과 같은 일이 일어나고 있음을 금세 알아차렸다. 토킹 스틱은 리스닝 스틱(Listening Stick)이 되어 자기 차례가 되어 말하고 있는 사람에게 온전히 주목하게 하였다. 우리는 귀와 눈과 가슴으로 듣게 되었고, 의식적으로 그 순간에 깨어 있을 수 있었다. 마음으로부터 말하고 들으면서 고개를 끄덕이고, 눈물을 흘리고, 미소 짓고 안아 주었다. 우리 모두는 다른 이들의 삶으로 전이되었다. 간단한 질문들이 심오한 이야기들로 이어졌고, 연대감과 연결을 보다 깊게 해주었다(**변화식**). 우리는 하나가 되었다. 하지만 토킹 스틱 때문만은 아니었다. 우리를 진정으로 하나 되게 한 것은 우리들 각자에게 듣는다는 것, 웰빙(well-being), 그리고 그룹에 속한다는 것의 의식을 더 깊게 해준 이 과정 자체였다.

모든 이야기들을 공유한 후, 바닥에 놓인 검은 천 위에 우리들은 토킹 스틱을 올려 놓아 에너지를 방출하며 우리들만의 독특함, 전체성, 그리고 원형의 힘을 반사하는 아름다운 별 모양을 만들었다.

결론

통전적 교수는 과학이라기보다는 예술이다; 그러므로 어떤 전략을 언제 사용할지 결정하는 일에 교사들은 직관을 사용해야 한다. 내가 통전적 교수에 대한 단계들과 지침들을 제시하였지만, 교사들은 그 세 가지 입장들을 사용할 때 기계적으로 접근해서는 안 된다. 자신들의 직관으로부터 교사들은 전인 아동에 도달할 수 있는 자신만의 리듬을 발전시킬 수 있다. 이런 식으로 통전적 교수는 교사들의 내적 측면으로부터 유기적으로 발전하며 그들 자신과 학생들이 진정으로 체득하는 경험이 되어 간다. 위의 예를 통해 살펴본 교사들은 이런 방식으로 일하고 있다.

참고문헌

Ferrucci, P. (2004). *What we may be*. New York: Penguin.

Gibbs, J.(2006). *Reaching all by creating tribes learning communities: A new way of learning and being together*. Santa Rosa, CA: Center Source.

Hart, Tobin.(2001). *From information to transformation: Education for the evolution of consciousness*. New York: Peter Lang.

Hunt, D.(1971). *Matching models in education*. Toronto: OISE Press.

Montessori, M.(1992). *Educaiton for human development: Understanding Montessori*. Oxford, UK: Clio.

Norton, D., & Norton, S.(2002). *Through the eyes of the child: An introduction to children's literature*. Englewood, Cliffs, NJ: Prentice Hall.

Richards, M.V.(1980). *Toward wholeness: Rudolf Steiner education in America. Middletown*, CT: Wesleyan University Press.

Wolf, A.(2004). Maria Montessori cosmic education as a non-sectarian framework for nurturing children's spirituality. ChildSpirit Conference, 7-10. October. Pacific Grove, CA.

제4장

전인 교육과정

전인 교육과정은 **연결된**(connected) 교육과정이다. 학생들로 하여금 연결들을 만들어갈 수 있도록 관계성에 초점을 두는 교육과정이다. 자연의 근본적 실재들 중 하나는 상호 의존성이건만 우리의 교육과정은 지식을 코스, 단원, 레슨, 그리고 단절된 정보로 나눔으로써 분절되어 있다. 반면, 전인 아동 교육은 연결된 교육과정에 그 핵심이 있다.

이 장에서는 여섯 가지 유형의 연결성을 살펴보고자 한다. 전인 교육과정은 우선 정보와 개념들을 고립시키지 않는 **과목들 간의 관계성**(relationships among subjects)을 보여준다. 이는 학습을 통합적(integrated)으로 접근한다. 전인 교육과정은 또한 학생과 **공동체**(community)를 연결한다. 여기에는 교실 공동체, 학교와 주변 공동체, 그리고 지구촌 공동체가 포함된다. 그 공동체들 안에서 전인 아동은 돌보는 환경 속에서 성장할 수 있다. 다음으로 전인 교육과정은 학생과 지구와 지구의 과정들을 연결한다. 이는 식물을 가꾼다든가 원주민에 관한 서적을 읽는 활동을 통해 가능할 수 있다.

보다 개인적인 차원에서, 전인 교육과정은 서로 다른 **사고**(thinking)의 유형들, 특히 분석적 사고와 직관적 사고를 연결한다. 이것은 두뇌 전체를 사용하는 학습을 추구하기 위함이다. 통전적 교육과정은 또한 **몸과 마음**(body and mind)을 연결함으로써 학생들로 하여금 자신들의 몸에 '편안함(at home)'을 느끼게 한다. 아이들에게서 발견되는 비만이나 잘못된 식습관은 그들이 몸과 연결되지 못하고 있음을 보여준다. 끝으로 전인 교육과정은 사람들과 그들 존재의 가장 깊은 곳, 영혼(Soul)과의 연관을 추구한다. 이 연관은 특히 개인의 신념(faith)을 존중하는 방식으로 성취될 수 있음을 라헬 케슬리(Rachael Kessler, 2000)나 다른 여러 학자들(Miller, 2000)은 보여주고 있다.

교과 연결

교과 연결은 통합 교육과정이라고도 말할 수 있다. 다음에서 보듯이 몇 가지 차원으로 나타난다(그림 4.1). 그 첫 번째 차원은 **다학제적**(multidisciplinary) 연관이다. 이 교육과정은 우선적으로 교과들을 분할하고 있지만 한 교과 담당 교사는 다른 교과목과의 관련을 찾는다. 예를 들어 역사과 교사는 문학이나 역사적인 예술품을 참고하여 어떻게 그 예술품이 역사적인 시대상을 반영하는지 탐구한다. **간학제적**(interdisciplinary) 차원에서는 두세 개의 교과목을 하나의 테마나 문제를 중심으로 연결한다. 도시의 교통이나 개발의 문제를 다루는 수업 시간에 경제, 정치과학, 디자인 기술, 수학 등의 과목들과 통합할 수 있는 것이 한 예가 될 것이다.

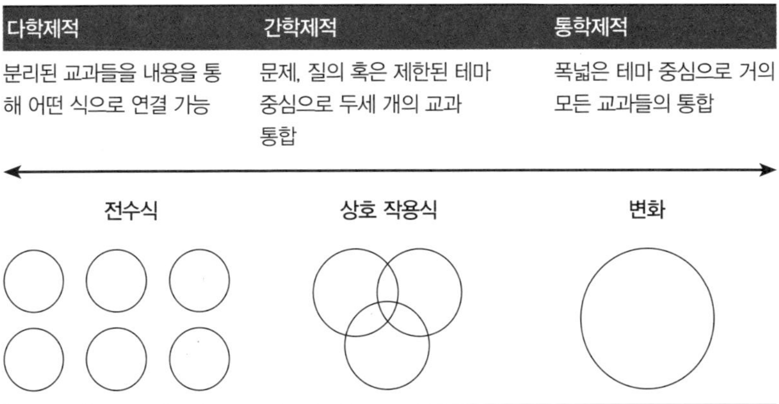

그림 4.1 통합적/홀리스틱 교육과정

통학제적(transdisciplinary) 차원에서는 몇 개의 과목들이 큰 주제를 중심으로 통합된다. 가난이나 폭력과 같은 주제는 이처럼 넓은 통합적 접근을 가능하게 하는 주제가 될 것이다. 각각의 차원에서 과목들과 개념들 간의 연결은 점점 수가 많아지고 복잡하게 되어 간다.

제임스 빈의 통합 교육과정

가장 훌륭한 통합 교육과정 중 하나는 제임스 빈(James Beane, 1997)에 의해 개발되었다. 그는 교육과정은 지식을 분리된 교과의 테두리로 묶는 분절적 접근에서 탈피해야 한다고 믿었다. 빈에게 있어 통합 교육과정은 개인적으로 그리고 사회적으로 중대한 사안들에 중점을 둔다. 따라서 학생이 교육과정 계획에 참여하는 것이 그가 취한 접근의 대표적인 특징이라 할 수 있다. 학생들은 개인적인 사안들이나 사회, 문화적 사안들에 관계된 문제들을 분별함으로써 참여하게 된다고 빈은 제안한다. 개인적 차원에서는 '어른이 되면 나는 어떤 직업을 가지게 될까?' '나는 결혼을 하게 될까?,' 사회적 차원에서는 '왜 사람들은 서로를 미워할까?' '인종차별이 없어질까?' 등의 질문들을 포함해볼 수 있겠다. 교사들은 이러한 질문들을 칠판이나 도표에 나열하고 이런 질문들을 바탕으로 학생들의 주제들과 중심 내용을 조절한다. 여기서 말하는 주제들은 '갈등과 폭력', '미래의 삶', '돈'과 같이 대체로 광범위한 것들이다. 중앙에 가장 주된 주제를 놓고 주변에 하위 주제들을 나열하는 식의 개념 망(a concept web)을 사용하는 것을 빈은 제안하고 있다. 학생들은 중심 주제와 하위 주제들을 탐구한 다음 여러 가지 활동이나 시연을 통해 자신들의 결론을 표현할 수 있다. 환경이란 주제에 초점을 맞춘 수업에서는 다섯 개의 하위 그룹으로 나누어 다섯 개의 생물 군계를 만들어볼 수 있고, 미래의 생활이라는 주제에 초점을 맞춘 수업에서는 2030년의 도시는 어떠할까에 대한 시각을 발전시켜 볼 수도 있다.

56번 교실과 호발트 세익스피어리안들

라페 에스퀴스(Rafe Esquith)는 로스앤젤레스 시내의 한 초등학교의 교사인데 그의 작업은 전국적으로 알려졌다. 그의 프로그램이 지닌 특별한 점들 중 하나는 학생들이 학년 말에 세익스피어의 연극을 발표하는 것이다. 하지만, 단지 연극 발표가 이 프로젝트의 전부가 아니었다. 그는 이 연극을 다른 교과목들이나 사상들을 연결하기 위해 이용하였다. 에스퀴스(2007)는 "내가 학생들에게 가르치고 싶은 모든 것들을 한 가지 활동만으로 가르칠 수 있는 다른 프로젝트는 찾지 못하였다"(p. 208)고 말한다. 학생들은 언어가 가진 힘뿐만 아니라, 음악, 춤, 구연기법에 대해서도 배우게 된다. 희곡의 주제들을 익힌 후 얻은 사상들을 실제 자신들의 삶에 적용해 본다. "학생들은 분석하고, 해부하고, 해체한 뒤에 그들 자신과 세상에 대한 시각을 바꿔 놓을 하나의 희곡을 만들어 간다"고 에스퀴스는 말한다(p. 208). 상연한 연극은 언제나 마지막에 기립 박수를 받지만, 에스퀴스는 함께 일하는 그 과정이 중대한 변화를 창출하게 된다고 믿는다. '호발트 셱익스피어리안들'(the Hobart Shakespeareans)을 관람한 배우 이안 맥켈른 경(Sir Ian McKellen)은 이런 어린아이들이 어떻게 모든 세익스피어 연극 배우들도 이해하기 힘든 단어들의 의미를 알 수 있는지 감탄하였다.

이 프로젝트는 자원한 학생들이 한 해의 방과후를 온전히 헌신해 시행되었다. 이는 이 기간 동안 학생들에게는 텔레비전을 보거나 비디오 게임을 할 시간이 없음을 뜻한다. 56번 교실 외의 다른 교실 학생들도 참여할 수 있다. 희곡의 줄거리를 읽는 것으로 시작하여 이야기와 중심 인물, 주제를 이해하게 된다. 희곡의 요약을 읽은 후 녹음된 연극을 들어본다. 에스퀴스는 CD를 틀고 필요한 부분마다 멈추어서 다양한 문구들을 설명하기도 한다. 그리고 학생들이 재연하게 될 연극의 필름도 보여준다.

학생들이 극중 언어와 친숙해지도록 에스퀴스는 버나드 레빈(Bernard Levin)의 '세익스피어를 인용하기'(On Quoting Shakespeare)라는 수필에 기초하여 만든 연습 대본을 사용한다. 이것은 구글(Google)을 통해 찾을 수 있는데 세익스피어에게서 유래된 일상 속의 문구들도 포함하고 있다. 이를테면 '흔적도 없이 사라졌다'(vanished into thin air)라든가 '좋은 것도 한두 번이지'(too much of a good thing)와 같은 것이다. 에스퀴스는 학생들이 이런 문구들을 빠르게 그리고 연속적으로 말해보게 한다.

서른세 명의 관람석을 갖춘 교실에서 이 연극이 상연되었다. 팝음악

이 주제에 맞춰 이용되었으며 학생들은 희곡과 어우러지는 노래와 춤을 곁들이기도 하였다. 예를 들면, 『겨울 이야기(The Winter's Tale)』 중 리온테스(Leontes)가 용서를 구하는 장면에서 존 레논(John Lennon)이 부른 '샘 많은 녀석'(Jealous Guy)이 삽입되었고, 햄릿(Hamlet)이 '사느냐 죽느냐'(to be or not to be)를 독백하는 부분에서는 알이엠(REM)의 '모두가 상처를 주네'(Everybody Hurts)가 이용되었다. 전문 안무가들이 연극에 필요한 춤을 학생들에게 가르쳤다. 또한 대본과 어울리는 춤을 위해 현대음악을 동원하기도 하였다. 극중 인물인 캐서린(Katherine)을 풍자하기 위해 학생들은 더스티 스프링필드(Dusty Springfield)의 '바라며 희망하며'(Wishin and Hopin)에 기초하여 만든 춤을 추었다.

에스퀴스는 다음과 같이 전한다: "셰익스피어의 언어를 말하고, 위대한 노래들을 부르며 이에 맞추어 춤을 추는 것은 정말 환상적인 조합이다. 아이들은 리허설을 통해 엄청난 즐거움을 맛보았는데, 얼마나 많은 것을 배우고 있는지 그들은 깨닫지 못하는 듯 보인다"(p. 220). PBS 방송국에서는 56번 교실에 관한 텔레비전 프로그램을 제작하였고 그 과정에서 한 학생은 그가 가장 좋아하는 책에 대한 질문을 받았다. 왜 『허클베리 핀의 모험(The Adventures of Huckleberry Finn)』을 선택하게 되었는지 질문을 받았을 때, 소년은 이렇게 대답하였다: '마크 트웨인은 자연에 가장 가까이 거울을 들이댔어요'(Mark Twain held a mirror up to nature). 에스퀴스는 덧붙인다: "이 학생은 눈도 깜박이지 않고 자신의 신념과 생각을 표현하기 위해 햄릿을 이용하였다. 셰익스피어는 한 세대의 인물이 아니라 모든 시대를 위한 인물이라고 한 시인이자 연극인 벤 존슨(Ben Jonson)이 옳았다고 나는 생각한다"(p. 223).

공동체 연결

교실

전인 아동에 다다르는 근본은 돌보는 공동체를 제공하는 것이다. 두말할 것도 없이 이것은 교실에서 시작된다. 교사는 우선 자신의 재실(presence)로 교실의 분위기를 조성하고, 언행을 통해 교실 공동체를 창조한다. 넬 나딩스(Nel Noddings, 1992)는 교육에서의 돌봄에 관해 폭넓은 저술을 하고 있는데, 교사의 주의력(attentiveness)이 그 첫째 요인이라고 하였다. 만일 아이들이 이 세심함을 경험하면 교실에서 편안함을 느끼게 되겠지만, 그들의 이야기를 듣지 않고 딴생각을 하는 교사들에게 학생들은 거리를 느끼게 될 것이다. 아이들은 이것을 금세 알아차린다. 비언어적 행동, 목소리의 톤이라든가 눈을 마주치는 것은 어떤 말보다도 중요하며 교사가 주는 격려의 미소 또한 긍정적인 분위기를 창출할 수 있다. 6장에서 나는 명상(meditation)과 마인풀니스(mindfulness)를 통해 자신들의 재실을 증진한 교사들에 대해 토의할 것이다. 그들은 이러한 연습을 통해 문제가 되는 상황으로부터 한발 물러설 수 있었다고 한다. 다음은 명상과 마인풀니스를 실행한 한 교사의 이야기다:

> 읽을 수 없어서 화내고 좌절하는 이 아이들로 인해 당신도 좌절할 수 있고 당신의 첫 번째 반응은 매우 권위적일 수도 있을 거예요. 하지만 그들이 필요로 하는 것은 다만 안아주고 보듬어 주는 것이예요. 이것[명상]은 나로 하여금 무엇이 일어나는지를 한발 물러서서 보도록 도와 주었어요.

협력 학습(cooperative learning)과 같은 전략도 공동체를 만드는 데 도움을 준다. 작은 그룹에서 협력하면서 학생들은 서로를 더 잘 알게 되는데 이러한 협력 학습에는 여러 가지 형태가 있을 수 있다. 로저와 데이비드 존슨(Roger and Davis Johnson)은 협력 학습을 통해 학생들은 자기 자신뿐만 아니라 다른 학생들의 학습에 대한 책임감도 가지게 된다고 제언한다. 예를 들면, 철자법을 배울 때 학생들은 소그룹 속에서 단어들을 익히는 일을 서로 도울 수 있다. 존슨 형제는 다음과 같은 요소들이 협력 학습에 포함된다고 언급하고 있다:

1. 분명하며 긍정적인 상호 의존성
2. 상당히 증진적인(일대일) 상호 작용
3. 그룹의 목적을 위해 분명히 인식된 개인의 책무와 책임
4. 관련된 대인 관계 기술과 소그룹 기술의 잦은 사용
5. 그룹의 미래 효과를 향상시킬 수 있도록 현재의 기능을 자주 그리고 규칙적으로 점검

긍정적인 상호 의존성

긍정적인 상호 의존성이란 학생들이 단순히 자신들에 대해서만 생각하는 것과는 반대로 '함께 가라앉거나 함께 헤엄쳐야 함'을 믿는 것이다. 이는 학생들은 스스로 자료들과 기술들을 배울 뿐만 아니라 그룹의 모든 구성원들이 함께 배워야 한다는 것을 분명히 인식해야 함을 뜻한다. 긍정적인 상호 의존성의 요소들은 '상호 연결성' 의 개념과 일맥상통하는데, 이는 통합적 교수와 통전적 학습에 대단히 중요한 개념이다. 존슨 형제는 상호 의존성이 몇 가지 방법들에 의해 촉진될 수 있다고 제안하고 있다. 그 첫째는 긍정적인 목적에 대한 상호 의존성인데, 학생들은

이를 통해 공동의 목표에 초점을 둔다. 또 다른 방법은 상호 의존성에 대한 긍정적인 보상을 해주는 것이다. 예를 들면, 그룹의 구성원 모두가 시험이나 과제에서 요구하는 기본적인 기준을 충족하게 되면 보너스 점수를 주는 것이다. 상호 의존성을 높이는 세 번째 방법은 자신이 가지고 있는 정보나 자료들을 구성원들과 나누도록 장려하는 것이다. 마지막으로, 상호 의존성은 구성원들에게 여러 가지 역할을 분배해 주는 것을 통해 길러질 수 있다. 글레이서(Glasser, 1986)는 구성원들이 지녀야 할 다음과 같은 네 가지 역할을 말한다:

1. **참여 촉진자로서의 역할**: 모든 구성원들이 생각과 느낌을 나누고 토의에 참여하도록 친철하게 장려한다.
2. **칭찬자로서의 역할**: 정해진 과제를 수행하여 그룹에 공헌을 한 구성원들을 칭찬한다.
3. **요약자로서의 역할**: 토의에서 나온 생각이나 느낌을 적절하게 정리하여 재진술한다.
4. **점검자로서의 역할**: 모든 이들이 두 개의 작문을 읽고 수정작업을 하였는지 그리고 모든 이들이 연구 논문을 작성하는 일반적인 원칙들을 이해하고 있는지를 확인한다(p. 100).

일대일 촉진 상호 작용

일대일 상호 작용이란 협력 학습의 필수 요인으로서 학생들로 하여금 서로 격려하고 생각과 자원을 공유하며, 피드백을 제공해 주고, 가장 좋은 결론과 결정을 내릴 수 있도록 서로의 결론들과 가정들에 건설적 비평을 건네며, 다른 구성원들을 돌보도록 한다.

개별적 책무

한두 명의 구성원이 그룹 전체를 움직여서는 안 되며, 모든 구성원들이 참여하도록 해야 한다. 개별적 책무는 그룹을 작게 하고, 그룹이 어떻게 운영되고 있는지를 무작위로 구성원 중 한 명에게 보고하게 하거나, 행동 양태와 개별적인 참여가 어떠한지 관찰하고, 구성원 중 한 명에게 점검자의 역할을 부여함으로써 촉진될 수 있다.

대인 관계 혹은 소그룹 협력 기술

학생들이 효과적으로 의사를 전달하고 듣는 것, 갈등이 생겼을 때 해결하는 기술, 서로를 지지하며 그룹 과정을 지지하는 것을 배우는 것은 중요한 일이다.

그룹 과정

이 요소는 그룹이 함께 얼마나 잘 협력해 왔는가를 진단하는 것에 역점을 둔다. 그룹 과제를 수행하는 중간에 이를 시행할 경우 그룹원들은 수행 중인 과제에서 한 발 물러서서 그룹으로서 그들이 어떻게 행하고 있는지 물어보게 되고, 과제 수행 끝에 행할 때에는 총괄 평가로서 할 수 있다. 이때 그룹의 구성원들은 어떤 것들이 잘 되어 왔는지, 어느 곳에 더 나은 발전이 필요한지 간단히 질문해볼 수 있다. 교사들도 자신들의 관찰에 근거해서 그룹 피드백을 줄 수 있다.

존슨 형제에 의하면, 875개 이상의 연구들이 협력 학습은 학생들의 발달과 성취를 위한 긍정적인 효과를 내고 있음을 보여주고 있다. 또한 보다 높은 수준의 사고 활동을 촉진시키고, 새로운 생각들을 보다 빈번하게 생산해 내며, 상황 간의 학습 전이(transfer of learning from one situation to another)를 보다 용이하게 해준다.

학교 공동체

학교 공동체에 대해서는 5장 '전인 학교'에서 보다 자세히 논의할 것이다. 간단하게 말해서 전인 학교(the whole school)는 교사들과 학생들이 편안함을 느껴 자꾸 오고 싶어지는 장소이다. 교장이 학교의 풍토를 만드는 주된 역할을 한다. 다시 한 번 말하지만 이 과정에서 비언어적 행동들(목소리 톤이나 눈맞춤과 같은)은 아주 중요한 요소이다.

한 교장은 차분함(calmness)이 변화의 모든 과정에 얼마나 중요한 역할을 하는지 제언해 주었다: "학교에서 요구되는 변화를 얻기 위해서는 사람들이 차분하고 진지하며 거의 명상과 같은 상태가 되는 것이 필수적입니다." 이 교장은 특별한 안건이 없는 모임들을 주관하며 다음과 같이 말하였다: "우리가 이 곳에 모인 것은 우리가 행하고 있는 것들에 대해 이야기하고 그것들을 서로 즐기기 위해서입니다. 이것은 팀을 구성하는 것도 아니며 이름도 필요 없고 그저 이렇게 함께하는 것이지요."

이상적인 것은, 마틴 루터 킹이 말하였듯이, 학교는 사랑의 공동체(The Beloved Community)가 되어야 하는데 이는 사랑과 정의가 넘쳐나는 장소인 것이다. 이 비전과 어떻게 이를 실현할 수 있을까에 대해서는 다음 장에서 논의해 보기로 하자.

지역 공동체

학교는 지역 공동체 삶의 필수적인 부분으로서 학교와 지역 사회 간 자유로운 왕래가 가능해야만 한다. 지역 공동체 구성원들이 학교로 초대되어 자신의 전문 분야와 공동체에 관한 흥미로운 이야기를 들려주거나 학교 상주 작가(an artist-in-residence)로 지역내 예술가를 학교로 초대할 수도 있다. 학생들이 지역 사회에 참여하기도 한다. 봉사 학습은 학업과 연관이 있는 지역 사회 활동들에 학생들이 참여하는 것이다. 몇 가지 예는 2장에서 언급하였다.

세계 공동체

글로벌 교육은 학생들이 자신들을 세계 공동체의 일원으로 볼 수 있도록 돕는다. 글로벌 교육은 홀리스틱 교육 원칙들과 맥을 같이하며 특히 상호 의존성의 개념에 있어서 그러하다. 데이비드 셀비(David Selby, 2001)는 홀리스틱 교육과 글로벌 교육의 도대는 급진적인 상호 연결성의 원칙이며 이 상호 연결성 속에서 모든 것들이 지속적으로 변화한다고 주장한다. 셀비는 홀리스틱 교육과 글로벌 교육은 내적인 여정(the inner journey)의 중요성과 이 여정이 어떻게 외부 세상과 면밀히 연결되어 있는가에 대한 인식의 필요성에 있어 연결된다고 믿는다. 그의 주장에 따르면 다음의 전략들이 글로벌/홀리스틱 교육과정에 포함되어야 한다:

- 협력적, 상호적 학습
- 아동들—한 아동이 아니라—중심
- 다양한 속도(mixed-paced)로 진행되는 학습
- 공감적, 체득적 학습
- 영적 학습
- 천천히 진행하는 학습(p. 14)

또 한 명의 중요한 글로벌 교육자인 로버트 뮬러(Robert Muller)는 세계 핵심 교육과정(The World Core Curriculum)이라는 개념을 개발하였다(www.worldcorecurriculum.org). 이 교육과정은 네 가지 주된 요소들로 구성된다:

- 우리의 집인 지구와 우주 안에서의 우리의 자리
- 시간 속에서의 우리의 자리
- 인류로서의 가족
- 개인의 삶의 기적

몇몇 학교들이 뮬러의 교육과정을 실행에 옮기고 있다. 최초의 학교는 1979년 텍사스 알링턴(Arlington, Texas)에 설립된 학교로 지금은 세계 핵심 교육과정의 센터로서 기능하고 있다.

지구 연결

전인 아동 교육과 생태 운동은 상호 의존이라는 개념을 통해 밀접한 관련을 맺고 있다. 두 가지 모두 상호 연결성이 자연의 근본적인 실재이며 우리들의 인식과 행동들을 안내해 주어야 한다는 원칙을 공유하고 있다. 생태 운동의 시작은 소로(Thoreau), 뮈어(Muir)와 같은 사상가들로 거슬러 올라갈 수 있지만, 많은 사람들이 자신들에게 보다 깊은 생태적 자각을 불러일으킨 것은 1968년 달에서 찍은 지구의 사진이라 느낀다. 우리는 우주 공간 속에서 지구의 아름다움과 신비를 보았다. 많은 이들에게 그 사진은 지구에 대한 더 깊은 사랑과 경외심을 갖게 하였고 동시에 현대의 삶으로 인해 지구가 얼마나 위협을 받고 있는지에 대한 걱정을 하게 하였다.

지구 연결은 우리에게 생명의 자연스러운 과정들을 다시 한 번 일깨워줄 수 있다. 바람과 태양, 나무들과 풀들은 우리를 살아 있도록 도우며 우리를 깨어 있게 한다. 정원 가꾸기, 동물 돌보기, 야외 교육과 같은 활동들을 통해 학생들은 지구를 직접적으로 경험하는 기회를 가능한 한 많이 가져야 한다.

정원 가꾸기

이런 유형의 학습의 일례로 정원 가꾸기가 있다. 키퍼와 켐플(Kiefer & Kemple, 1998)이 공저한 『Digging Deeper』는 어떻게 아이들의 정원이 학교와 공동체에 통합되어 갈 수 있는지를 묘사하고 있다. 저자들은 책의 서두에 자신들의 비전을 다음과 같이 밝힌다:

> 아이들과 정원을 가꾸는 일은 고래로부터 맺어진 우리와 지구의 자연스러운 리듬 사이의 연결을 어떻게 복구할 수 있을까 하는 고민에 대한 살아있는 증거다. 꽃 한 송이 한 송이, 아이들 한 사람 한 사람, 계절 하나 하나가 어우러지는 이 학습 과정 속에서 우리는 마땅히 우리들의 것인 이 유산을 회수할 수 있다. 물론 모든 생명체들이 번성하는 자연 낙원을 돌보는 자로서 말이다(p. xiii).

키퍼와 켐플은 정원을 가꾸어 가는 것은 아이들에게 다음과 같은 혜택을 준다고 주장한다:

• 자신들의 손으로 재배한 열매의 결과물을 보는 것
• 자연의 힘과 조화를 이루며 일하는 것
• 과학, 수학, 언어, 사회와 같은 과목의 기본이 되는 학문적 기술을 습득하는 것
• 타인과 협력하여 일하는 것을 배우는 것

이 책은 1995년 발족하여 북미 전역으로 확산된 '모든 학교 정원 가꾸기 캠페인'(the Garden in Every School Campaign)의 일부분이다. 그 과정 속에는 학교와 아이들이 관여할 뿐만 아니라 자신들의 경험, 이야기들, 생활의 지혜를 공유하고자 하는 '지역 역사가들, 동식물 연구가들, 농부들, 장인들, 그 밖의 자신의 전문성을 통해 기여하기 원하는 여러 직종의 사람들, 그리고 부모들과 가족들'이 함께하였다(p. xiv). 이 프로젝트를 시작하기 위해서 학교는 다음의 질문들을 포함하는 사전 조사를 해야 한다:

• 어떤 공간이 정원으로 사용될 수 있는가?
• 재정적 자원이 있는가?
• 어떤 기관들이 협력할 수 있는가?
• 지역 공동체 안에 아이들을 위한 정원 가꾸기를 포함하는 프로젝트가 이미 존재하는가?

이러한 조사는 공식적으로는 설문조사를 통해서, 비공식적으로는 전화를 통해서 이루어질 수 있다. 사전 조사 후 보통은 발족 모임이 진행된다. 키퍼와 켐플은 그러한 모임을 조직하는 데 필요한 사항을 자세히 안내해 주고 있다. 그들의 책은 또한 이 과정의 각 단계에 맞는 사례 연

구들로 가득 차 있는데, 그 중 하나는 어떻게 산 안토니오(San Antonio)가 한 프로그램을 개발하여 '미국 청소년 정원의 수도'(Youth Garden Capital of America)가 되었는지 보여주고 있다. 이 프로그램의 리더인 버논 뮬렌스(Vernon Mullens)는 '브레인스와 그레인스 정원'(Brains and Grains Garden), '다이어트사이스 정원'(Dietcise Garden), '멜팅 팟 정원'(Melting Pot Garden)과 같은 여러 유형의 정원들을 학생들에게 소개하였다.

정원 만들기 과정의 다음 단계는 팀을 발전시키는 것이다. 기본 계획과 과제를 담당하는 '전천후 핵심 팀'(core all-weather team)이 반드시 있어야 하고 프로젝트의 특정 부분에 기여하는 '지원 팀'(fair-weather team)이 있어야 한다. 이 책에는 정원에서의 하루를 시간 단위로 기록한 샘플 같은 실제적인 정보들도 가득하다. 저자들은 주단위 주제를 제안하고 있다. 말하자면 흙이 주제가 되면 학생들은 어떻게 흙이 정원의 식물들을 배양하는지 조사해볼 수 있을 것이다. 또한 키퍼와 켐플은 '필라델피아 예술과 인문 마을'(The Village of Arts and Humanities in Philadelphia)이라고 명명된 프로젝트를 소개하고 있는데 이는 어떻게 버려진 도시의 땅을 회수하여 여덟 개의 지역 공원과 정원을 만들었는지를 보여주고 있다.

세 번째 단계는 정원을 디자인하는 것이다. 정원 디자인을 위한 몇 가지 아이디어들에는 **영양 정원**(nutrition garden)과 **유산 정원**(heritage garden)이 포함되어 있다. 이것들은 몇 세대에 걸쳐 지역 공동체에서 사용해 왔던 접근들에 기반을 두고 있다.

다음 단계는 적당한 장소를 물색하여 흙을 고르고 정원의 외양을 만들고 식물을 심는 것이다. 저자들은 혼합비료를 제조하는 것까지도 다루고 있다.

책은 또한 계급과 인종이라는 주제에 대해서도 다루고 있는데, 이는 여러 아프리카계 미국인들이 자신들의 조상들에게 종종 짐이 되었던 일들을 왜 지금 자신들의 자녀들이 해야 하는지를 궁금해하였기 때문이다.

저자들은 땅에 첫 삽을 뜨는 날 개막 행사를 갖도록 조언한다. 정원 가꾸기 과정이 이렇게 시작되면 학생들은 식물들의 성장뿐 아니라 정원에 서식하는 잡초들이나 벌레들에 대한 저널을 써내려갈 수 있다. 여름 동안에는 물을 주고, 잡초를 깎고, 뿌리를 덮는 일들을 해야 한다. 물론 가을은 추수의 계절이다. 학생들은 다음 해를 위해 씨앗들을 모아두거나 먹을 수 있는 장신구를 만들며 채소를 캔에 저장하거나 요리하고 얼려 놓을 수도 있다.

끝으로 키퍼와 켐플은 이 프로젝트에 대한 지속적인 **측정**(assessment)과 총괄적 **평가**(evaluation)를 위한 광범위한 절차들을 제시한다. 체크리스트와 표본 포트폴리오의 내용 등도 이에 포함된다. 포트폴리오에는 학생들이 생산한 것, 학생 정서 탐문, 일화적인 관찰과 성찰, 지역에 미친 영향에 대한 기사 스크랩북, 이 프로젝트의 절정에 행한 활동에 대한 조사 등을 담는다.

몸과 정신의 연결

현대 생활을 대변하는 파편화(fragmentation)의 한 가지 예는 몸과 정신을 나누는 것이다. 통전적 교육과정은 이들의 연결을 회복하고자 한다. 왈도르프 교육(Waldorf Education)에서는 동작교육의 독특한 형태인 '유리드미(Eurhythmy)'를 이용한다. 보통은 이 분야에서 훈련을 받은 교사가 지도하지만 학급 교사들도 이 학습에 함께 참여하도록 장려

된다. 하우드(Harwood, 1958)는 "유리드미 담당 교사는 학생들이 주요 레슨에서 배우는 것들에 관심을 갖고 학급 담임 교사는 동작을 통해 아동들이 하고 있는 것들에 관심을 가지는 동안 아이들은 이성(mind)과 의지(will)의 조화를 꽃피우게 된다"고 피력한다(p. 154). 중고등학교 수준에서는 유리드미를 드라마 수업과 조합할 수 있는데, '아마도 밀턴(Milton)의 『코머스(Comus)』나 『한여름 밤의 꿈(A Midsummer Night's Dream)』과 같이 자연 영혼들(nature spirits)이 있는 연극'에서 사용될 수 있을 것이다(p. 155).

몸과 이성을 연결하기 위해 고대인들이 사용하였던 것 중 하나는 요가인데 최근 여러 학교들에서 자주 사용되고 있다. 나의 학생 중에 낸시 지그로빅(Nancy Zigrovic, 2005)은 온타리오 주 옥빌(Oakville)에 있는 고등학교 교사인데 그녀는 학생들과 명상과 요가를 해오고 있다. 다음은 10학년 대학 비진학반 학생들과 함께하였던 그녀의 경험담이다:

> 나는 10학년 '응용된 캐나다 역사'라는 과목을 통해 20명(그중 남학생이 14명)의 아이들과 함께 즐거운 시간을 보냈다. 대다수의 학생들은 무기력한 학습자의 전형적인 모습이었다—그들은 전통적인 교실에 앉아 있기 힘들어하는 십대들이며 집중하는 것도 귀를 열어 듣는 것조차도 힘겨워하는 아이들이다. 그들은 종종 교사들에 의해 '문제아들'로 묘사되기도 한다. 그러나 명상과 요가를 함께 시도하였던 첫 시간부터 아이들은 수용적이었고 새로운 접근들에 마음을 열었다. 우리는 짧막한 호흡과 집중하는 연습으로 명상을 시작하였다. 처음에는 친구들 앞에서 눈을 감는 것을 주저하는 듯하였다; 나는 눈을 아래 쪽으로 응시하는 것으로 충분하다고 설명하였다. 내가 먼저 교실 안에서 편안하게 눈을 감는 것을 보

고 모두가 나를 따라하기 시작하였다. 첫 토의시간에 심지어 아이들은 그렇게 몇 분 동안 가만히 있는 것을 얼마나 좋아하였는지에 대해 말하기도 하였다.

역사 시간을 통해 지속적으로 아이들과 만나면서 나는 이전에 배운 호흡과 집중법을 섞어 가며 보다 몸을 많이 움직이는 헤사 요가(hatha yoga)로 옮겨 갔다. 첫 번째 반응 중 하나는 한 남학생으로부터 왔다. "나는 이 요가가 아주 좋았다고 생각해요. 만일 더 긴 시간 동안 한다면 더 나을 것 같아요. 일단 웃는 단계를 벗어난다면, 더 좋을 겁니다." 우리는 보다 긴 시간 동안 연습을 지속하기 위해 노력하였고 아이들은 다양한 요가 자세와 더불어 침묵하는 것에 편안해하게 되었다. 무엇보다 가장 중요한 것은 그들이 서로를 믿기 시작하였다는 것이다. 수업 중 오가는 대화마다 서로에게 상처를 주는 말을 항상 하였었는데, 그런 말들이 점차 줄었다. 가장 최근의 토의에서는 요가를 하는 것에 대해 걱정하거나 참여를 원치 않는 학생이 단 한 사람도 없었다. 지난 두 달간 한 주에 두 번씩 이 특별한 반을 만나고 있다. 다음은 몇몇 학생들의 코멘트다:

맨 처음 우리가 그렇게 하였을 때 이것이 정말로 효과가 있을까 생각하였어요. 하지만 연습 후에 나는 매우 평온한 느낌이 들며 좋았어요. 내가 가장 좋아하는 것은 나마스테(Namaste)인데 그것은 나의 몸을 활짝 펴주고 스트레스를 사라지게 해주죠. 우리와 함께 이런 활동을 해주셔서 감사합니다.

또 다른 학생은 이렇게 쓰고 있다:

저는 보통 집중력이 약한 편이었는데 요가는 훨씬 나은 집중력을 가지도

> 록 도와 주었어요. 그래서 저는 요가가 좋습니다. 또한 요가는 저를 편안하게 해주고 지금 내가 하고 있는 것에 초점을 맞추도록 도와 줍니다.

그리고 이 학생은 영혼과의 연결(soul connection)도 말하고 있다:

> 요가를 처음 해보는 것은 아닙니다. 하키 경기 결승 게임 전에 우리는 요가를 하게 되었습니다; 우리 코치의 부인께서 요가 강사로 일하고 계셨지요. 이 짧은 요가를 통해 우리는 새 힘을 얻었고 결국 결승전 게임을 이기게 되었습니다. 요가는 영혼을 진정시켜 준다는 것이 요가에 대한 저의 생각입니다(pp. 9-10).

교사들이 요가를 수업에 소개하도록 도울 수 있는 많은 저서들이 있다. 엘렌 슈와츠(Ellen Shwartz, 2003)의 요가에 대한 책은 어린아이들이 16개의 요가 자세를 체계적으로 배우도록 돕는 안내서이다. 또한 이 책은 여러 가지 장애를 가진 아이들을 위해서 어떻게 변용될 수 있는지에 대해서도 기술하고 있다.

유리드미와 요가는 몸과 이성의 연결을 위한 방법들 중 일부분이다. 이러한 방법들의 목적은 **학습의 체득화**(Embodiment of learning)를 돕기 위함이고 그래서 학습이 분절된 사실이나 추상적인 개념에 머물지 않고 우리 존재의 전체를 통해 통합되도록 하는 데 있다.

사고의 연결

전인 교육과정은 통전적 사고, 즉 분석적 사고와 직관적 사고의 연결을 강조한다. 아인슈타인과 모짜르트는 매우 높은 차원에서 분석과 직관을 효과적으로 연결시킨 본보기들이다. 우리의 사고가 한 가지 유형에 의해 점령되어 버리면 좋은 효과를 내지 못하게 된다. 직선적이고 분석적인 사고에 치중하면 우리의 접근에는 꾸준하겠지만 문제를 다루는 데 있어 즉흥성(spontaneity)을 잃게 된다. 반대로 직관에 너무 많이 치중하게 되면 우리는 토대를 잃을 수도 있다. 우리의 생각을 검증하려(verify) 하지 않는다면 엉뚱한 것이 되고 말 것이다. 일반적으로 학교는 사고 기술을 가르치는 것에 역점을 두지 않았다. 있었다 해도 그것은 통전적인 접근이라기보다는 보통 직선적인 문제 해결에 한정되어 왔다.

그래함 월라스(Graham Wallas, 1926)는 창의적 사고의 통전적 모델을 고안하였다. 이 모델은 직관적 요소들과 분석적 요소들을 엮어서 통전적 사고를 만들고 있다. 왈라스는 네 가지 기본적인 요인들을 창의적 과정으로 기술한다. 그 첫 번째는 **준비**(preparation)의 단계인데 문제나 프로젝트에 관한 적절한 정보를 수집한다. 두 번째 단계, 즉 **배양**(incubation)의 시기에는 편안한 상태가 되어 문제에 대한 어떤 의식적인 노력을 기울이지 않는다. 대신, 애써 다른 무언가에 관심을 기울일 때, 표상들(images)이 스스로 그 개인 안에 재편성된다는 것이다. 그 다음 **서광**(illumination)의 단계에서는 즉흥적이고 예상치 않게 해결책이 번뜩 떠오르게 될 것이다. 그러므로 첫 번째와 네 번째 단계를 분석적이라 한다면 두 번째, 세 번째 단계는 보다 직관적이라 할 수 있다. 네 번째는 **검증**(verification) 혹은 **개정**(revision)의 단계인데 선택된 아이디어를 실행해 보고 이를 의식적으로 보다 세밀하게 다루는 시기이다.

월라스 모델과 창의적 사고의 다른 모델들은 교사들로 하여금 분석과 직관의 균형 속에 교실 교육학을 유지하도록 돕는다. 심상화, 명상 그리고 다양한 미학적인 경험들은 배양과 서광을 향상시키기 위해 사용될 수 있다. 반면 논리적 문제 해결 모델들은 준비와 검증의 단계들를 촉진해 주는 데 이용될 수 있다. 따라서 효과적인 사고란 분석과 직관 모두를 수반한다.

월라스 모델은 다음과 같은 창의적인 글쓰기 연습과 관계하여 교실에서 적용이 가능하다. 첫째 단계에서, 학생들은 어떤 주제나 사안에 집중하여 이 문제를 명료하게 이해하려 노력한다. 일례로, 학생들은 직업 선택과 같은 문제에 집중할 수 있는데, 우선은 직업 선택에 관한, 그 중에서도 맨 처음 마음에 와닿는 직업들에 대한 문헌들을 검토한다. 다음 단계에서 학생들은 직업 선택의 주제로부터 한발 물러서 본다. 물론 즉각적으로 결론으로 넘어가지 않으면서 이 사안과 함께 지내보는 것이다. 잠자리에 들어 곰곰이 생각해 보고, 무의식(the unconscious)이 이에 관여토록 한다. 영혼을 다루는 저서들은 직업이란 우리의 깊은 내부와 일치해야 하며 따라서 인내(patience)와 관조적인(contemplative) 접근을 필요로 한다고 조언해 주고 있다(Moore, 1992). 배양의 기간은 개인에 따라 큰 차이가 있을 수 있다(어떤 이들에게는 며칠만에도 진로(career path)가 보일 수 있지만 어떤 이들에게는 몇 달 혹은 몇 년이 걸리기도 한다). 어떤 직업이 영혼의 측면에서 적절한지를 가늠해 보고자 할 때 토마스 무어(Thomas Moore, 1992)는 다음과 같은 질문들을 던지고 있다:

> 이 일터에는 어떤 영이 있는가? 나는 여기서 사람으로 대우받게 될까? 공동체의 느낌이 있는가? 이곳 사람들은 자신들의 일을 사랑하고 있는가?

> 우리가 하고 있는 일과 생산하는 것들이 내 헌신과 들인 시간만큼 가치가 있는가? 이 일터나 직업에서 일어나는 도덕적 문제는 없는가?—사람들이나 지구에 해가 되는 일을 한다거나, 과도한 이윤을 내거나 혹은 인종적 또는 성적 억압을 하지 않는가?(p. 281)

배양기 후에 우리는 한 줄기의 서광이 비치길 희망할 것이다. 이 상황에서 우리는 특정의 직업을 향해 가는 우리 자신을 보게 될 수 있다. 이 직업이 내게 맞는 듯 보인다. 검증의 단계는 선택한 직업을 위해 학생을 교육하고 훈련하기 시작하는 과정으로 구성된다. 과목을 선택하고 훈련 프로그램을 진행하면서 과연 이 선택이 우리의 영혼이나 보다 깊은 자아감에 일치하고 있는지 견주어 본다.

하워드 가드너(Howard Gardner, 1983)의 연구는 지능의 개념을 논리수학적 지능과 언어적 지능을 넘어선 곳으로 넓히는 데 중요한 역할을 해왔다. 통전적 교육과정은 모든 지능들을 아우르고 그것들을 맞붙여 외따로 사용되지 않도록 시도한다.

앤드류 존슨(Andrew Johnson, 2006)은 가드너의 연구를 참고하여 통전적 지능(Holistic Intelligence, HI)의 개념을 개발하였다. 이것은 자신과 타인과 환경을 돌보는 방식으로 문제를 해결하는 능력을 의미한다. 존슨은 통전적 지능을 교실에서 발전시키려면 '친절, 애긍심, 정직, 협동, 강직함, 의연함과 같은 가치를 전달해 주는' 실생활 문제들을 아이들에게 소개해 주라고 제안한다(p. 44).

영적인 연결

각 사람 안에는 신의 불꽃(divine spark), 즉 영혼(soul)이 있다; 이것은 우리의 삶에 의미를 부여해 주는 신비로운 에너지다. 간디가 홀리스틱 교육을 정의 내리며 말하였던 것처럼 영혼을 자양하는 것은 또한 마음을 교육하는 것(educating the heart)이라 말할 수 있다. 내가 이름 붙인 '내적 삶을 위한 교육과정'(curriculum for the inner life)을 통해 마음은 교육될 수 있다(Miller, 2000). 내적 삶을 위한 교육과정은 심상화와 명상의 방법을 포함한다.

비버리-콜린 게이린(Beverly-Colleene Gaylean, 1983)이 쓴 책은 통전적 사고가 필요한 여러 과목들에서 사용할 수 있도록 심상화 활동들을 싣고 있다. 그녀는 심상화가 갖는 이점들을 이렇게 나열한다. 학생들은:

- 주의를 더 기울이게 되며
- 학습 경험을 더 많이 즐기고
- 보다 참신하고 창의적으로 과제를 수행하며
- 급우들과 더 잘 어울리고
- 자신감을 더 많이 가지며
- 더 느긋해지고
- 시험을 더 잘 치르게 된다(p. 25).

위의 마지막 요인과 관련해서 펄슈타인(Perlstein, 2007)은 메릴랜드 학교 평가 고사(Maryland School Assessment Test)를 치르기 전에 학생들이 심상법을 통해 편안하고 자신감을 갖도록 장려되었다고 서술한다(pp. 187-8).

과학 과목에서 심상화를 사용하는 한 가지 예는 학생들에게 변압기 주변의 사기장을 상상해 보게 하는 것이다. 학생들은 자신을 도선 속의 전자(electrons)로 심상화하여 급격하게 변하는 장력(force field)에 발생하는 운동을 경험할 수 있다. 그런 다음 도선 주위를 감싸는 두 장력이 상호 작용을 하고 더 가까워질 때 더욱더 빠르게 움직이게 되는 전자들이라고 심상화할 수 있다.

학생들은 언어와 사회 과목에서도 이런 심상법을 사용할 수 있다. 사회 과목에서는 특정 선택에 직면한 역사적 인물로 자신을 상상해 보고 그 결정에 동반된 감정이나 사상을 심상화할 수 있다.

심상화 방법이 성공적으로 사용되고 있는 여타 과목들에는 수학(Arcavi, 2003; Wheatley, 1998), 지리(Chatterjea, 1999), 읽기 교수(Eisenwine, Fowler, & McKenzie, 2000) 등이 있다.

명상은 교육과정에서 한몫을 담당할 수 있으며 특히 마인풀니스의 사용은 그러하다. 마인풀니스는 그 순간에 존재하는 것, 즉 '온전히 거기에 있는 것'을 배우는 것을 의미한다. 이는 처음에 자신의 호흡을 관찰하거나 음식을 먹는 것과 같은 일상적인 활동에 완전한 주의를 기울여 보는 것을 통해 실행될 수 있다. 「뉴욕 타임즈」의 한 기사(Brown, 2007)는 여러 학교들에서 마인풀니스가 어떻게 사용되고 있는지 보여주고 있다. 캘리포니아 오크랜드에 있는 피드몬트(Piedmont) 초등학교에서 실행한 프로젝트에는 한 '마인풀' 코치가 5주에 걸쳐 한 주에 두 번씩 교실을 방문하여 학생들에게 마인풀니스의 기본을 소개해 주었다. 티벳 주발(Tibetan Bowl)이 시작과 끝을 알려주기 위해 사용되었다. 스탠포드 대학교의 심리학부 팀이 이 프로젝트의 효과를 측정하였다. 스탠포드 마인풀니스 연구의 공동 책임을 맡은 에이미 살츠만(Amy Saltzman) 박사는 주의 집중이 향상되고 '부정적인 내적 소란스러움'

(negative internal chatter)이 줄게 되었다는 초기 연구 결과를 발표하였다. 캘리포니아 산 호세 지역의 케이서 펄매넌트(Kaiser Permanente in San Jose, California)에서 행한 십대들을 대상으로 한 또 다른 연구는 명상 기법들이 정서장애, 우울증, 그리고 거식증과 폭식증 같은 자해 행동들을 개선하는 데 도움을 준다고 밝혔다.

게리슨 연구소(Garrison Institute, 2005)는 미국내 명상을 중심으로 한 많은 프로그램들을 조사해 오고 있다. 그중 하나가 하버드 대학교 정신 몸 의학 연구소의 교육 계획(Education Initiative at the Mind Body Medical Institute)이다. 이 프로그램은 유치원부터 12학년에 이르는 교육과정에 이완 반응(relaxation response)이라는 기법을 소개하고 있다. 이완 반응은 단어, 소리, 문구, 기도문 혹은 근육 움직임을 반복하는 것을 포함한다. 연구는 이 교육과정에 참여한 학생들은 다방면에서 다음과 같은 혜택을 보았음을 보여주고 있다.

- 평균 점수의 향상
- 자존감의 증진
- 심리적 고통의 절감
- 공격적 행동의 저하
- 더 좋은 공부 습관
- 더 좋은 출석률
- 사전 양해를 구하지 않은 지각의 감소(p. 14)

데이비드 포비스의 명상

명상을 가장 흥미롭게 이용하고 있는 예들 중 하나를 데이비드 포비스(David Forbes, 2005)의 작업에서 찾아볼 수 있다. 뉴욕에 있는 브루클린 칼리지(Brooklyn College/CUNY) 교수인 포비스는 고등학교 미식축구 선수들에게 명상을 소개해 주었다. 선수들은 명상이 자신들에게 '권'(zone)에 올라 미식축구를 하도록 도움을 줄 것이라는 믿음이 있었기 때문에 그의 레슨에 참여하였다. 여기서 '권'이라 함은 즈멘트미할리(Csikzmentmihalyi)가 말한 흐름(flow)의 개념과 유사하다. 즉, 흐름을 탄 선수는 시간은 느려지고 성과는 높아지는 활동에 보다 깊게 몰두하게 된다. 예를 들면 흐름을 탄 농구 선수는 자기를 잊어 버리고 거의 무의식적으로 득점을 내게 될 것이다.

포비스는 또한 젊은 남성들이 그들만의 문화 속에서 보통 겪게 되는 공격성, 경쟁심, 동성애, 혐오증과 같은 어려움들을 극복하는 데 명상이 어떻게 도움을 줄 수 있는지 관심을 가지고 있다. 명상은 문제들을 억누르거나 곧장 행동으로 표출하기보다는 이를 잘 다루도록 돕는다. 포비스는 제언한다: "사고와 자아 개념 주변에 어떤 여지의 공간을 창출함으로써 젊은이들은 보다 자유롭게 자신의 경험을 대하게 되고, 일반적으로 하기로 되어 있는 생각을 하거나 혹은 일반적으로 되기로 되어 있는 사람이 되는 것 같은 경직된 고정 관념에 덜 얽매일 수 있다"(p. 54).

포비스는 자원하는 이들을 중심으로 명상 레슨을 제공하였고 대략 열두 명의 미식축구 선수들이 참여하였다. 대부분의 참가자들은 아프리카계 미국인, 남미계 미국인, 아랍계 미국인, 아탈리아계 미국인이었다. 모임은 한 주에 한 번 열렸고 총 12주 미식축구 시즌 동안 지속되었다. 학생들은 명상을 하는 것 외에 관심이 있는 주제들에 대해 토의

하는 기회도 가졌다. 토의 주제는 미식축구와 스포츠가 되기도 하고 개인적이고 사회적인 이슈에 맞춰지기도 하였다.

포비스는 프로그램의 효과를 측정하기 위해 여러 방법을 사용하였다. 일반적으로 평가해볼 때, '일부 젊은 친구들은 보다 의식적이며(conscious), 책임감 있는(responsible) 존재로 발전하였고, 자기 성찰적 자각 수준(self-reflective level of awareness)이 향상되었다'(p. 164). 그 젊은이들 중 몇몇은 명상을 통해 경기에 더 잘 집중하게 되었다고 전해 주었다. 또한 포비스는 '남성 정체성 발달(masculine identity development) 영역의 성장에 주목하였는데, 이를테면 명상 수련을 통해 젊은 남성들이 어떻게 공격적이고 방어적인 방식으로 동료들과 관계를 맺고, 또한 어떻게 젊은 여성들과 자기 자신, 나아가 자기의 자아보다 높은 무언가와 관계를 맺는 일에 보다 마음을 기울이게 되는가 하는 것이다'(p. 164). 포비스에 따르면 그들은 자신의 감정에 보다 마음을 기울이게 되었고 그래서 자신들의 행동에 보다 책임감을 가지게 되었다.

포비스는 청소년들을 상대로 하여 명상을 사용한 가장 흥미로우면서도 잘 연구된 사례들을 제시해 주었다. 그의 연구는 교육적 상황에서 명상을 사용하고자 함에 있어 중요한 공헌을 하였다.

끝으로 나는 한 수학 교사가 1분 명상을 어떻게 수업에 이용하고 있는지를 소개하며 이 장을 마칠까 한다.

내오미(Naomi)가 언급하고 있는 **메타**(metta)는 자비명상(loving-kindness meditation)을 말한다. 이 명상에 대해서는 다음 장에서 더 깊이 다룰 것이다.

J U S T O N E M I N U T E

딱 1분만

내오미 베어(Naomi Baer)

—

미드웨스턴 지역의 한 도시에 소재하는 큰 공립 고등학교의 나의 교실, 그곳에서 나는 매 수업을 정지(stillness)의 1분으로 시작한다. 나는 수학 교사다.

이 활동은 1997년 가을 아주 파열적인 교실에서 시작되었다. 어떻게 그것을 평정해야 하는지 알지 못한 나는 어느 날, 주변에서 일어나고 있는 일들에 우리가 어떻게 반응하고 있는가로 말문을 열었다. 우리는 친구들에게, 교사에게, 서로에게 반응한다. 시끄러운 스피커에 반응하고, 옆 교실에 반응하고, 복도의 소란에도 반응한다. 우리는 바깥에서 일어나는 사건들의 폭탄세례를 받는다. 그래서 나는 숨을 들이쉬고 바닥에 두 발을 붙이고 척추를 곧추세워 60초 동안 정지하는 활동에 학생들을 초대하였다. 어떤 것에도 반응하지 않도록 하였다. 종을 흔들고 나도 눈을 감고 숨을 들이마셨다. 1분이 흐른 뒤에 종을 다시 흔들었다. 천천히 숨을 내쉬며 1분간 최선을 다한 그들에게 고맙다는 말을 전하였다. 그리고 학생들도 옆에 있는 사람들에게 감사하도록 청하였다. 이 힘든 학급에 대한 즉흥적인 반응으로 시작한 이 활동을 필두로 나는 내 모든 수업들에 같은 방법을 지속하였다. 이제 5년이 되었다.

초기에는 이런 수련이 그렇게 파열적인 학급에 제대로 영향을 미칠 수 있을지 의문스러웠다. 몇몇 학생들은 나를 놀렸고 어떤 학생들은 나를 외면하였다. 하지만 그 1분간만이라도 소란함이 어느 정도는 줄게 되었기 때문에 나는 이 수련을 지속하였다. 시간이 갈수록 더 많은 학생들이 서로에게 고마움을 전하기 시작하였다. 처음에는 농담처럼 다음에 더 잘해 보자고 서로에게 장난 삼아 말하였고 그런 식으로 이어져 갔다.

이 활동과정을 지속하면서 나는 한 번도 명상에 대해 언급하지 않았다. 학생들에게 어떤 것도 강요하지 않고 내가 선택한 것들을 그 1분에 시행할 수 있었다. 여러 날 동안 나는 메타(metta)를 수련하였다. 이를 한 달쯤 수련하였을 때, 수업 중간에 한 학생이 갑자기 폭발하는 행동을 보였다. 나는 그 학생을 교실 밖으로 데리고 나가야만 하였다. 우리가 교실로 다시 돌아왔을 때, 목소리 큰 한 학생이 외쳤다. "베어 선생님, 거 뭐야, 1분간 하는 거 다시 해야겠는데요!" 상처받기를 잘하였던 나는 그 수업 내내 눈 둘 곳을 찾지 못하였다.

내가 늦게 교실에 도착한 어느 날 한 학생은 "자, 한번 재워보자(Let's marinate)"라고 소리친 후 종을 흔들었다. 모두가 그 학생과 1분을 함께하였다! 그 때를 시작으로 다른 아이들도 종을 흔들어 보고 싶어하였다. 소음과 소란이 그 시간 동안 줄어 들었다. 불완전하지만 이 수련은 떠지껄한 학생들에게도 몸과 마음을 진정시키는 도구가 되었다. 그것은 나뿐만이 아니라 학생들에게도 도움을 주었다고 나는 확신한다.

내가 가르치고 있는 몇몇 고급 수학반들에서는 훈육이 그렇게 사안이 되지 않았다. 이 학급들에서는 반응이 섞였다. 대부분의 학생들이 기꺼이 정지의 1분에 참여하였다. 하지만 몇 명은 눈에 띄게 불편해하거나 공공연히 반발하였다. 그래도 협력하며 1분을 보낸 이들에게 나는 늘 고마움을 표하였다. 시간이 흐르면서 이들의 저항에 대해 특히 노력하지 않았음에도 불구하고 반감을 가졌던 아이들도 편안하게 되어 갔다. 말 그대로였다. 아무것도 하지 않는 1분.

올해 대부분이 10학년생들로 구성된 한 학급의 학생들은 정지 시간을 더 늘리자고 계속해서 요구하였다. 그래서 어느 날 반 학생 모두의 동의를 얻어 우리는 5분을 사용하였다. 내가 마치는 종을 흔들었을 때에도 그 정지는 오래도록 지속되었다. 와우! 그것은 '훌륭'하였다. 아이들은 그 조용한 시간이 너무 좋았노라고 말하였다. 그들은 더 긴 시간을 또 요구하였고 우리는 매주 금요일마다 시간을 연장하는 데 동의하였다.

우리의 1분은 여러 가지 반응들을 가져왔다. 언젠가는 한 학부모가 교장 선생님에게 항의를 하였는데, 그 활동이 내가 시행하는 것이라면 충분히 안전하다고 교장 선생님은 그 부모를 설득시켰다. 지난 봄 한 학생은 여름 방학이 되기 전 마지막 시험지를 제출하면서 감사의 눈물을 흘리며 매일 시행한 1분의 활동에 대해 내게 고마워하였다. 그에게 그것은 아주 큰 의미가 있었다고 전해 주었다. 올해에는 옆 반에서 세 명의 학생들이 우리 반 학생들과 매일 1분을 함께하였고 자기 반으로 돌아가기 전에는 친구들에게 감사의 말을 전하였다. 졸업생들의 학부모들을 식품점에서 만난 적이 있는데 그들의 아이들이 그 1분 활동에 얼마나 감사하는 마음을 가지고 있는지 이야기해 주었다. 그들도 내게 고마워하였다.

만일 그 누구에게도 효력이 없었다 해도, 적어도 우리의 60초가 매 수업을 시작할 때 내 평정심을 높여준 것만은 분명하다. 이것이면 계속해온 이유로써 충분하였다. 맨 처음 그 소란하고 파열적인 교실의 무질서를 받아들이는 것은 대단히 큰 도전이었다. 그러나 그 1분 동안 나는 내 모든 판단—나는 책임을 다하는 교사야, 질서를 유지해야 하며, 판단하고 바로 세우는 것은 나의 권리이자 의무야—을 떨쳐 버리라고 스스로에게 주문하였다. 나는 있는 그대로를 받아들이는 것을 배웠다.

시간이 갈수록 이 1분은 학생들에 대한 내 태도를 유연하게 해주었다. 그들이 서있는 자리 그대로를 인정하며 그들을 향한 애긍심을 갖게 되었다. 그들에게서 그리고 내게서 기대하지 않았던 작지만 공손한 반응들, 약간의 사려 깊음, 미소를 보면서 이 수련이 진실하게 진행되었음을 발견하게 된다. 우리의 1분으로부터 계속해서 다음과 같은 것들을 얻는다: 내 눈을 감고 내 마음을 여는 것, 상황들로 인해 거친 외관의 옷을 입었지만 그럼에도 거기에서 시작하라고 초대하는 친절함을 보는 것. 그들은 나에게 나 자신을 보여준다 (Baer, 2003, p. 21).

결론

전인 교육과정은 **아동을 연결하는**(child-connecting) 교육이다. 교사는 여러 연결들 중 어느 것으로도 출발할 수 있다; 중요한 것은 삶의 얼마나 많은 측면들이 상호 의존하고 있는지를 아이들이 보도록 돕는 것이다. 한 가지 연결의 경험은 삶의 다른 영역들에 존재하는 상호 연결성들을 볼 수 있는 문을 열어줄 수 있다.

참고문헌

Arcavi, A.(2003). The role of visual representations in the learning of mathematics. *Educational Studies in Mathematics, 52*: 215-41.

Baer, N.(2003). Just one minute. *Inquiring Mind. The Semiannual Journal of the Vipassana Community, 20*(1), 21.

Beane, J.(1997). *Curriculum integration: Designing the core democratic education*. New York: Teachers College Press.

Brown, P. L.(2007, 16 June). In the classroom, a new focus on quieting the mind. *New York Times*. http://www.nytimes.com/2007/06/16/us/16mindful.html?_r=1.

Chatterjea, K.(1999). Use of visual images in the teaching of geography. *Geographical Education, 12*, 49-55.

Eisenwine, M., Fowler, E., & McKenzie, G.(2000, Winter). Visual memory and context cues in reading instruction. *Journal of Curriculum and Supervision, 15*, 170-4.

Esquith, R.(2007). *Teach like your hair's on fire*. New York: Viking.

Forbes, D.(2005). *Boyz 2 Buddhas: Counseling urban high school male athletes in the zone*. New York: Peter Lang.

Gardner, H.(1983). *Frames of mind: The theory of multiple intelligence*. New York; Basic Books.

Garrison Institute.(2005). *Contemplation and education*. Garrison, NY: Garrison Institute.

Gaylean, B.(1983). *Mindsight: Learning through imaging*. Healdsburg, CA: Centre for Integrative Learning.

Glasser, W.(1986). *Control theory in the classroom*. New York: Happer and Row.

Harwood, A.C.(1958). *The recovery of childhood: A study in the educational work of Rudolf Steiner*. Spring Valley, NY: Anthroposophic Press.

Johnson, A.(2006). Becoming full intelligent. *Encounter: Education for Meaning and Socail Justice, 19*, 40-7.

Johnson, R.T., & Johnson, D.W.(1994). An overview of cooperative learning In J. Thousnad, A. Villa, & A. Nevin(Eds.). *Creativity and collaborative learning*(pp. 1-23). Baltimore: Brookes Press.

Kessler, R.(2000). *The soul education: Helping students find connection, compassion, and character at school.* Alexandria, VA: ASCD.

Kiefer, J., & Kemple, M.(1998). *Digging deeper: Integrating youth gardens into schools and communities*. Montpelier, VT: Common Roots Press.

Miller, J.(2000). *Education and the soul: Toward a spiritual curriculum*. Albany, NY: SUNY Press.

Miller, J.(2006). *Education for wisdom and compassion: Creating conditions for timeless learning*. Thousand Oaks, CA: Corwin.

Moore, T.(1992). *Care of the soul: A guide for cultivating depth and sacredness in everyday life*. New York: Walker.

Noddings, N.(1992). *The challenge to care in schools: An alternative approach to education*. New York: Teachers College Press.

Perlstein, L.(2007). *Tested: One American school struggles to make the grade*. New York: Henry Holt.

Selby, D.(2001). The signature of the whole: Radical interconnectedness and its implications for global and environmental education. *Encounter, 14*, 5-16.

Singer, J.(1976, July). Fantasy, the foundation of serenity. *Psychology Today*.

Schwartz, E.(2003). *I love yoga: A guide for kids and teens*. Toronto: Tundra Books.

Wallas, G.(1926). *The art of imagination*. London: Watts.

Wheatley, G.H.(1998, Spring/Summer). Imagery and mathematics. *Focus on Learning Problems in Mathematics, 20*, 65-77.

Zigrovic, N.(2005). *Journey toward spirituality*. Unpublished manuscript.

제5장

전인 학교[1]

전인 학교는 학교나 교실 모두에서 공동체를 조성한다. 나에게 있어 공동체에 대한 가장 강력한 비전은 마틴 루터 킹 주니어(Martin Luther King Jr.)의 사랑의 공동체(Beloved Community)다: 사랑과 정의의 공동체. 가장 초기 글에서 킹은 이를 언급한 바 있다; 예를 들면, 몽고메리(Montgomery) 버스 시위가 있을 때 '사랑의 공동체를 만드는 것'이 시위의 목적이라는 글을 남겼다(1957, p. 30). 사랑의 공동체는 '개선되고 쇄신된 인간 사회'이다(Smith & Zepp, 1998, p. 130). 이는 또한 상호 연결성에 바탕을 둔 공동체이기도 하다. 킹(1963)은 '우리는 한 통으로 짜여진 숙명의 옷 속에 함께 묶여 있으며, 벗어날 수 없는 상호성의 망에 잡혀 있다'고 믿었다(p. 22). 그는 인간을 서로 연결된 전체의 한 부분으

1. 이 장은 부분적으로 *International Handbook of Education for Spirituality, Caring, and Wellbing*(M.Sousa et al(eds.), New YorK: Springer, 2009)에 게재된 존 밀러(John P. Miller)의 'Eros and Education'을 인용하였다.

로 보았다. 각 사람은 생존과 사회의 존속을 위해 다른 이들에게 빚을 지고 있다. 따라서 한 사람 혹은 한 집단에 행해진 부당함(injustice)은 인류 전체에 대한 부당함임을 알아야 한다. 킹(1967)은 "어떤 의미에서 보면 모든 생명체는 서로 연결되어 있다. 가난한 자의 고통은 부유한 자들을 빈곤하게 하고; 가난한 자들의 나아짐은 부유한 자들을 풍성하게 한다. 우리는 우리 형제들의 형제이므로 형제들을 돌보는 자가 되는 것은 불가피하다"고 말하였다(p. 181).

킹(1968)은 인종의 통합뿐만 아니라 모든 인간에 대한 보편적인 정의를 피력한다:

> 쥐들이 들끓고 기생충이 가득한 빈민가는 어두웠던 과거가 되고 모든 가족들이 제대로 된 위생적인 집에서 살게 될 때까지는 만족하지 말자. 미시시피의 굶주린 배들이 배를 채우고 애팔래치아의 정체된 산업이 다시 소생할 때까지는 만족하지 말자. … 제3세계—아시아, 아프리카, 라틴 아메리카—의 우리 형제들이 더 이상 제국주의의 착취의 희생양이 되지 않을 때까지는, 가난과 문맹과 병마의 긴 밤으로부터 벗어날 때까지는 만족하지 말자(pp. 110-11).

죽음을 맞이하기 전 킹은 베트남 전쟁과 미국의 가난에 대항하여 연설하였다. 이러한 관심은 사회 정의에 대한 더 넓은 인식으로부터 기인하였다. 베트남 전쟁에 대한 그의 반대는 킹의 시민 권리 운동을 지지해 주었던 린든 존슨(Lyndon Johnson) 대통령과 멀어지는 결과를 초래하기도 하였다. 스미스와 제프(Smith & Zepp, 1998)는 이렇게 쓰고 있다: "킹은 경제적인 불평등의 완화와 경제 정의의 실현 없는 사랑의 공동체를 꿈꿀 수 없었다. … 킹이 바라본 사랑의 공동체는 모든 인종들, 계층들, 종족 집단들, 국가들, 종교들을 포함한다"(p. 136). 사랑의 공동체에 대한 킹의 견해는 1963년 그 유명한 연설 'I Have a Dream'에도 표현되었다.

사랑의 공동체는 비폭력을 통해 실현된다. 킹에게 비폭력이라는 것은 단순히 변화를 꾀하는 전략이 아니며 사랑에 뿌리를 둔 삶의 방식이다. 반대로 폭력은 미움에 바탕을 두고 있기에 더 많은 폭력을 낳게 된다. 오로지 비폭력만이 이 사악한 사슬을 끊을 수 있다. 이러한 사랑과 자각은 개인의 내적인 측면으로부터 출발해야 한다.

비폭력을 향한 킹의 헌신은 간디(Gandhi), 톨스토이(Tolstoy), 소로(Thoreau), 에머슨(Emerson)의 저서들로 거슬러 올라갈 수 있다. 그들 모두는 사람은 '자기 속에 있는 무한성'(the infinite within)과 연결되어야만 하며; 이러한 연결로부터 사랑과 정의가 싹트게 된다고 믿었다. 고우전(Gougeon, 2007)은 "아리스토텔레스가 말한 '조화'(concord)에서처럼, 사랑이란 사회의 모든 것들을 함께 세우는 접착제일 뿐만이 아니라 모든 사회 정의의 원천이다"(p. 177)라고 결론을 지었다. 사랑이 정의를 함께 포함해야 한다는 이 문장은 사랑의 공동체(Beloved Community)의 본질을 꿰뚫고 있다. 사랑 없는 공동체는 제도화되어 인간적 따스함이 떨어질 테고, 정의 없는 공동체는 목적 의식과 공동 운명 의식을 결여하게 된다.

벨 훅스(bell hooks, 2000)는 사랑의 윤리에 대한 주장을 폈는데, 이는 '돌봄(care), 애정(affection), 인정(recognition), 존경(respect), 헌신(commitment), 신뢰(truth), 정직(honesty)과 개방된 의사소통(open communication)'을 갖추는 것이라 하였다(p. 5). 이 윤리야말로 학교 생활의 중추가 되어야 한다. 시험만을 강조하는 학교 시스템이 만들어낸 개인 간 경쟁과 성취, 이것으로 대변되는 작금의 풍토는 이 윤리로 대체

될 필요가 있다. 훅스는 사회 정의를 위해 행해진 모든 훌륭한 운동들은 사랑의 윤리를 강력하게 요청하였다고 주장한다:

> 프롬(Fromm), 킹(King), 머튼(Merton)이 제공하는 사랑에 대한 가르침은 오늘날의 글들과 사뭇 다르다. 거기에는 항시 우리로 하여금 세상과 더 크게 교감(communion)하도록 이끄는 활력(active force)으로서의 사랑이 강조된다. 그들의 글에서 사랑의 실행은 단지 개인에게 더 많은 삶의 만족을 선사해 주는 데 목적이 있는 것이 아니라 지배와 억압에 종지부를 찍는 우선적인 방법으로 칭송된다(p. 76).

훅스는 사랑을 영성과 연결한다: '영적인 삶에 대한 헌신은 사랑이 전부이고 모든 것이며 진정한 운명이라는 영원한 원칙을 필연적으로 따르는 것을 의미한다'(p. 77). 사랑이 우리의 진정한 운명이라는 것에 나는 동의하며 이 장에서 우리는 어떻게 사랑을 교육과 우리의 교실로 가져올 수 있는지를 살펴보고 싶다.

사랑의 공동체를 만들기 위해 사랑의 여러 형태를 조사하고 학교와 교실에서 그것들이 어떻게 발현되는지 조사할 필요가 있다. 이 장의 나머지 부분에서는 사랑의 여섯 가지 유형(자기애, 가족애, 친구를 향한 사랑, 낯선 사람에 대한 사랑, 아가페, 에로스)과 그것들이 교실과 학교에서 어떻게 배양될 수 있는지를 논의할 것이다. 나는 『사랑에 빠진 소크라테스(Socrates in Love)』를 쓴 크리스토퍼 필립스(Christopher Phillips)에게 빚을 지고 있다. 그는 이 장의 마지막 다섯 가지에 대한 사랑을 피력하고 있다.

자기에 대한 사랑

사랑은 우리들 자신들로부터 시작할 필요가 있다. 우리 자신을 사랑하지 않고서는 타인을 사랑하기 어렵기 때문이다. 자신을 사랑하는 것은 우리 자신을 받아들이는 것 혹은 우리 자신과 친구가 되는 것을 말한다. 동양 사람들은 서양인들은 자신에 대한 부정적인 견해를 갖고 자기 가치를 부족하게 여긴다고 언급한다. 일례로 달라이 라마(Dalai Lama)는 아시아 사람들은 그들의 정체성으로 인해 갈등하지 않는다고 말한 바 있다. 나도 주목하건대 아시아의 아이들과 젊은이들은 북미 십대들만큼 자기를 의식(self-conscious)하는 것처럼 보이지 않는다.

19세기에 쓰여진 에머슨(Emerson)의 글은 오늘날 우리에게도 여전히 적용된다:

> 내 창문아래 이 장미들은 이전의 장미들도, 더 나은 것들도 부러워하지 않는다; 그들은 지금 있는 그대로일 뿐이다; 그들은 오늘 지금 신과 함께 존재한다. 그들은 시간 너머에 있다. 단지 장미가 있을 뿐이다; 장미는 존재하는 매 순간 완벽하다. 봉우리가 피어나기 이전에, 그 온 생명이 활동한다; 만개한 꽃이라 해서 더하지 않고; 잎사귀 없는 뿌리라 해서 덜하지 않는다. 그 본질이 만족함을 얻고 매 순간 그렇게 자연을 만족시킨다. 하지만 사람은 지연시키거나 추억한다; 그는 현재에 살지 않는다. 다만 격세유전된 눈으로 과거를 한탄하고, 지금 자신을 풍요롭게 해주는 것들에 대해서는 주의를 기울이지 않으면서, 미래를 미리 보기 위해 까치발을 딛고 선다. 시간을 넘어, 지금 현재에 자연과 더불어 살기 전까지 그는 행복할 수도 강인할 수도 없다(p. 160).

명상을 하는 몇 가지 합당한 이유들 중 하나는 명상은 우리로 하여금 지금 현재를 살도록 돕고 그리하여 우리 자신과 친구가 되도록 돕기 때문이다. 현재에 존재함으로써 지금 일어나는 일들과 연결되고 어제 하였던 일들을 들추지 않으며 내일 일어나게 될 일들을 염려하지 않게 된다. 이것이 학생들에게 마인풀니스를 가르쳐야 하는 이유이고, 그로 인해 그들은 더 많은 삶을 현재에 사용할 수 있게 되는 것이다. 정원 가꾸기와 같은 환경교육과 활동도 젊은이들에게 어떻게 그들이 지구의 과정들의 일부가 되는지 볼 수 있게 하며, 또한 그들이 더욱더 현재에 존재하도록 도와준다.

가족에 대한 사랑

이것은 자발적으로 형성되는 본연적이며 자연스러운 사랑의 형태다. 아이에 대한 어머니의 사랑은 이러한 본능적인 사랑의 가장 좋은 본보기다. 자궁 안에 있는 태아를 느끼고, 갓 태어난 아기를 바라보고, 힘이 없는 신생아를 돌보는 일은 어머니의 따뜻한 사랑을 키운다. 2장에서 기술한 공감 형성 프로그램은 이런 유형의 사랑에 기초하여 시작된 것이다.

그러나, 이러한 사랑은 가족을 넘어서는 곳으로 향할 수 있다. 그렇게 될 때, 아프리카 사람들은 이를 **유번투**(ubuntu)라 부른다. 유번투는 '나의 안녕이 그룹이나 부족의 안녕과 같다'는 의미로 이 둘은 분리될 수 없다. 다시 말하면 당신이 이루고 싶은 그 온전함을 이루도록 내가 돕지 않는다면 나도 내가 이루고 싶은 온전함을 이룰 수 없다는 뜻이다. 넬슨 만델라(Nelson Mandela)는 "타인들의 인간됨(humanity)을 통해서만 우리는 인간이 된다는 심오한 아프리카식 표현인 이 유번투 정신은 한 지엽적인 현상이 아니라 더 나은 세상을 향해 우리가 공동으로 기울이는 노력에 지구적 차원으로 첨가될 수 있는 것"이라 말하였다 (Phillips, 2007, p. 117에 인용됨). 노벨상을 수상한 나이지리아 희곡 작가인 올 소인카(Wole Soyinka)는 세상은 아프리카 원주민들이 가진 '용서의 능력'(capacity to forgive)으로부터 많은 것을 배울 수 있다고 진술하였는데, 이 능력은 유번투에 뿌리를 둔 '거대한 정신'(largeness of spirit)에 기초하는 것이다.

가족애는 교실에 대한 메타포로 사용되어 왔다. 어떤 교사들은 그들의 학급을 가족과 같은 공동체로 만들고자 한다. 왈도르프 교육에서는 가족과 같은 교실을 만들기 위해 1학년부터 8학년까지의 기간을 한 명의 교사와 학생들이 함께 보낸다. 공립학교에서도 '루핑'(looping)이라는 과정이 있는데 한 교사가 이삼 년 동안 한 학급을 담당하는 것이다. 왈도르프 교육에서처럼 이것은 가족 의식을 키우는 데 도움이 된다.

교실을 가족과 같이 만드는 또 다른 방법은 학급 원형 모임(classroom circle)이다. 원형은 원주민 문화에 뿌리를 두고 있다. 예를 들어, 어떤 원주민 부족들(First Nations)은 원형으로 둘러앉아 토킹 스틱을 각 사람에게 전달하여 이것을 손에 쥔 사람에게 자신의 생각과 느낌을 말할 기회를 준다. 블랙 엘크(Black Elk)는 원형에 대해 다음과 같이 언급한다:

> 세상의 힘(the Power of the World)이 행하는 모든 것은 하나의 원에서 이루어진다.
>
> 하늘도 둥그렇고 지구도 공처럼 둥글며 모든 별들도 마찬가지라고 나는 들었다. 바람은 가장 강력할 때 소용돌이를 친다. 새들은 둥지를 원형

> 으로 만드는데 이는 그들의 종교도 우리의 종교와 같기 때문이리라. … (한 사람)의 생애도 아동기에서 아동기로 원을 그리며, 힘이 작용하는 모든 것이 그러하니(Baldwin, 1994, p. 80에 인용됨).

각 학생에게 말할 기회를 주는 원형 모임은 교실에서 사용될 수 있다. 특정한 주제에 초점을 둘 수도 있고 자유로운 논의를 할 수도 있다.

나는 모든 강의 시간에서 이야기를 나눌 때 원을 사용한다. 이것은 학생들의 중요한 경험을 교실에서 공유할 수 있는 탁월하고 강력한 방법이다. 예를 들면 내 과목 '교육에서의 영성'(Spirituality in Education)에서 나는 학생들이 삶에서 체험한 영적인 경험들을 공유하도록 요청한다. 돌아가며 이야기할 때 나는 학생들의 이야기에 늘 감흥을 받는데, 이는 자연 속에서의 경험, 가족원들의 질병, 예술적인 경험을 포함한다.

원형은 사회 변화의 동인(agent of societal transformation)이 될 수 있다고 발드윈(Baldwin, 1994)은 믿고 있다. 그녀는 '피어스피리트 서클'(PeerSpirit Circle)이라 불리는 과정을 기술하면서, 교실에서 사용하기 위해 부족(tribes)이라는 개념을 발전시킨 진 깁스(Jeanne Gibbs, 1994)의 연구를 언급하기도 한다. 부족이란 여기서 대여섯 명이 한 조가 되어 일 년간 함께 과제를 수행하는 그룹이다. 깁스 또한 학생들이 자신들의 삶에서 발생하는 사건들을 나누도록 하기 위해 큰 원형 모임을 사용한다. 발드윈은 깁스의 연구를 이렇게 요약하고 있다: "부족 속에서의 모든 과정을 통해 학생들은 자신들의 공헌과 감정을 인정받는다: 그들은 안전함을 느끼고, 충직함을 느끼고, 사랑받고 사랑하고 있음을 느낀다. 수천의 교실에서 부족 공동체는 원을 구성하는 어른이 되도록 아이들을 준비시키고 있다"(p. 159).

학교는 그 자체로서 가족과 같은 느낌을 주어야 한다. 소규모 학교들이 큰 학교들에 비해 학업과 사회적 발달에 보다 효과적이라는 증거는 아주 많다. 바커와 그의 동료들(Barker and his colleagues, 1964)은 동부 캔사스 시에 위치한 13개의 고등학교를 3년에 걸쳐 연구하였다. 그 학교들의 학생수는 40명에서부터 2,000명에 이르는데, 바커는 학교의 규모가 학생들의 체육활동, 교실 토의, 방과후 활동에의 참여와 어떤 연관이 있는지를 연구의 초점으로 삼았다. 음악, 드라마, 학내 방송국, 학생회와 같은 활동들에 있어서 참여 정도는 등록 학생수가 61에서 150명 사이의 학교들에서 가장 높았다. 교실 활동에 관하여는, 큰 학교가 더 많은 과목들을 제공할 수는 있지만 학생들은 소규모 학교의 학생들보다 더 적게 수업에 참여하였고 수업의 다양성도 작았다. 바커와 검프(Barker & Gump)가 면밀히 연구한 음악 수업들에서도, 음악교육과 경험이 소규모 학교에서 더 폭넓게 제공되고 있다는 것을 발견하였다.

이후 진행된 연구들은 소규모 학교들의 학생들이 학업면에서 실제로 더 잘하였다는 연구 결과를 보여준다(Cotton, 1996; Lee & Smith, 1994; Wasley, 2000). 세계 보건 기구(World Health Organization)는 아이들을 상대하는 여러 기관들을 조사하는 연구서들을 평가하면서 기관들은 적은 규모여야 한다고, 이를테면 학생수가 100명을 넘지 말아야 한다고 결론 내렸다. WHO에 따르면, 구성원이 이보다 많아질 때 개인적 접촉에 기초한 비형식적 교육이 비개인적이고, 제도화된 권위로 대치된다.

일반적으로 북미 학교 시스템들은 프로그램들을 융합하여 더 큰 학교를 지향한다. 예를 들어보자. 1950에서 1975년 사이 미국에서는 초등학교의 평균 규모가 학생수 153명에서 405명으로 증가하였다. 이와 동시에 학교 폭력과 공공 기물 파손(Vandalism)의 수가 급격히 치솟았다. 물론 사회의 다른 요인들도 학교 폭력에 기여하고 있지만 학교 규모의 증가가 폭력의 추세에 한몫을 하고 있다는 주장이다.

대규모 학교들은 보통 규모의 경제에 기초하여 그 존재를 정당화한다. 다시 말해, 공동 행정을 운영하고 여러 개의 건물이 아닌 하나의 단지를 사용함으로써 비용을 절감한다는 것이다. 하지만 정리 비용과 큰 학교 체계와 결부된 관료적 절차에 관련된 비용이 발생한다. 게다가 작은 지역 공동체들의 사회 생활에서 중심 역할을 하였던 학교가 문을 닫게 됨으로써 사회적 비용이 발생한다. 대규모 학교가 가져올 것이라 생각하는 또 다른 이점은 효율성이다. 그러나 버몬트(Vermont) 시의 한 연구(Sher, 1977)는 큰 학교일수록 행정 면에서 학생들과 공동체와 더 많은 단절이 생겨 덜 효율적이라고 지적하였다. 또한 이 연구는 대학을 진학한 졸업생의 비율에서 상위 10개 학교 중 6개 학교는 소규모 학교였다고(졸업생이 60명 이하) 지적한다. 이 학교들은 대규모 학교들 대비 학생당 225달러가 적은 운영비를 사용하면서 이러한 결과를 가져올 수 있었다.

친구에 대한 사랑

고대 그리스 **필리아**(Philia)라는 말은 친구 간의 사랑을 나타낸다. 또한 필리아는 모두를 하나의 공동체로 묶어주는 공동체적 사랑을 가리키기도 한다. 그리스에서 필리아는 시민적 삶의 기본 단위였던 폴리스(polis) 형성의 핵심이었다. 그리스인들은 개인과 사회는 서로 연결되어 있고 이 연결을 촉진하는 하나의 힘이 필리아라고 여겼던 것이다. 필리아가 그리스인들에게 무엇을 의미하였는가를 필립스(Phillips, 2007)는 이렇게 기술한다: "친구들 사이에서 자양되는 필리아는 더 넓은 영역으로—이웃들, 전체 공동체의 일원들에게까지—연대감, 충의, 협동심과 공동의 동기를 창출하면서, 그 나라의 모든 사람들이 이를 공유할 때까지 확장되는 것으로 여겨졌다”(p. 219).

교사들은 보통 소그룹 활동이나 협력 학습(4장을 보라)을 통해 교실에서 필리아를 배양할 수 있다. 같은 목적을 위해 함께 작업하는 학생들 사이에서 유대감이 발전할 수 있다. ‘페이퍼클립스(Paperclips)’라는 영화는 켄터키 지역의 7학년생들 한 학급이 강제 수용소에서 사라져간 각 사람에 대한 페이퍼클립을 수집하면서 유대인 대학살(the Holocaust)에 주목하게 된 것을 묘사하고 있다. 이 프로젝트는 학생들과 교사 사이에 강한 필리아를 가져다주었다. 2장에서 살펴보았던 봉사 학습 또한 학생들이 공동의 목적을 향해 함께 일하면서 필리아를 창출하도록 사용될 수 있다.

낯선 사람에 대한 사랑

낯선 사람을 사랑한다는 개념은 고대 그리스인들이 인간들의 삶에 개입한다고 생각한 신들에 대한 개념에서 착상되었다. 대문 앞에 낯선 사람이 왔다면 그는 아마도 인간을 가장한 신이라는 것이다. 우정이나 환대를 낯선 사람들에게까지 확장해야 하는 또 하나의 실제적인 이유가 있다: 여행자는 자기의 집을 떠나 오면서 그 같은 관대함을 기대하기 때문이다. 또한 우리는 이런 전통을 인도의 ‘나마스테’(Namaste)라는 인사법에서도 발견하게 되는데, 나마스테는 ‘당신에게서 신을 봅니다’라는 뜻이다. 시옥스(Sioux) 부족 같은 원주민들은 낯선 사람과 같은 것은 절대로 없다고 믿고 있다. 왜냐하면 동물을 포함하여 모든 존재들은 어머니 지구(Mother Earth)의 자궁으로부터 오기 때문이다.

최근, **글로벌 교육**은 지구상의 모든 이들을 낯선 사람들이 아니라 서로가 연결된 존재들로 보고자 한다. 어떤 학교에서는 다른 나라에 사는 펜팔 친구에게 글을 쓰거나 인터넷을 통해 그들과 대화하는 프로그램을 운영하기도 한다. 인터넷은 맥루한이 표명한 글로벌 빌리지(McLuhan's global village)를 형성하는 데 도움을 주고 있는데, 여기에선 낯선 사람들이 거의 존재하지 않는다.

자애 명상의 수련은 친구들과 가족뿐 아니라 지구상의 모든 존재들에게 사랑을 보내는 방법을 실천하는 것이다. 모든 인간들이 고통을 피하고 안녕과 행복을 찾고 있다는 것을 발견할 때 학생들은 인류와 연결되었음을 느낄 수 있다.

이 명상법의 핵심은 우리 자신을 먼저 심장 부근의 중앙에 두고 거기서 근본적인 따스함을 접하는 것이다. 심장과의 연결 후에는 그 따스함과 에너지를 타인들과 나누도록 시도한다. 일례로 다음과 같은 접근을 사용할 수 있다:

나는 강건하며 행복하고 평화롭기를
나의 가족이 강건하며 행복하고 평화롭기를
나의 친구들이 강건하며 행복하며 평화롭기를
내 이웃들도 강건하며 행복하며 평화롭기를
내 동료들도 강건하며 행복하며 평화롭기를
내가 만난 모든 사람들이 강건하며 행복하고 평화롭기를
지구상의 모든 존재들이 강건하며 행복하며 평화롭기를
이 우주의 모든 존재들이 강건하며 행복하며 평화롭기를

이 접근은 우리 자신에게 감정적으로 가장 가까운 사람들로부터 출발하여 점점 더 먼 곳으로 나아간다. 또 다른 접근 형태는 지리적으로 확장된다:

나는 강건하며 행복하고 평화롭기를
이 방안에 있는 모든 것들은 강건하며 행복하고 평화롭기를
이 건물 안에 있는 모든 존재들은 강건하며 행복하며 평화롭기를
이 동네의 모든 존재들은 강건하며 행복하고 평화롭기를
이 도시의 모든 존재들은 강건하며 행복하고 평화롭기를
이 대륙의 모든 존재들은 강건하며 행복하고 평화롭기를
이 반구의 모든 존재들은 강건하며 행복하고 평화롭기를
이 지구의 모든 존재들은 강건하며 행복하고 평화롭기를
모든 곳에 있는 모든 존재들은 강건하며 행복하며 평화롭기를

지혜와 애긍심같이 다른 이들에게 이루어지기를 소망하는 대로 바꾸어 할 수 있다.

또한 이 명상을 할 때는 이러한 마음을 전달해 주고자 하는 사람들을 심상화해 보는 것 또한 가능하다. 지난 20년 동안 이 수련으로 나는 대학 수업을 시작하고 있으며 이는 측량불가한 색조와 감성을 수업에 주고 있다. 사업 모임이나 정부 회의 전에 이 명상을 하게 된다면 세상이 얼마나 달라질 수 있을까 궁금하기도 하다. 이것은 어떤 특정한 종교적 믿음을 요구하지 않으며 다만 타인의 안녕을 기원하는 것이다.

내 학생들 중 몇은 이 명상법을 그들의 삶 속에 적용한다. 가나에서 온 한 학생은 지하철이나 버스의 사람들을 보면서 이 명상을 즐겨 행한다고 한다. "주변의 사람들을 보거나 또는 대중교통으로 이동할 때 이

것은 사람들과 함께 명상하는 즐거움을 내게 줍니다. … 버스나 지하철에 올라탔을 때 슬픈 얼굴빛의 사람들을 발견하면 여러분은 이 명상을 통해 그들의 안녕을 기원해야 합니다."

파나마에서 온 다른 학생도 같은 식으로 이 명상을 이용한다: "지하철에서 나는 사람들을 보면서 그들을 위해 기도해요. 그러면 나는 어느 곳에서든지 형제와 자매 그리고 가족을 발견하게 되죠."

예비교사들을 훈련하고 있는 한 교사는 마인풀니스와 자애 명상을 자신의 교수에 통합해 왔다. "그렇게 화려하지 않은 업무들을 수행할지라도 그 속에서 기쁨을 취하라고 학생들에게 권면하고 있습니다. … 자애(loving-kindness)의 온전한 개념은 당신이 어떠한 방향을 가리키든 이는 정말 사랑의 길로 가는 하나의 제안이라는 것입니다."

아가페

아가페는 되받거나 상호 호혜성(reciprocity)에 대한 기대를 갖지 않으면서 하는 사랑이다. 넬슨 만델라(1994)는 감옥에서 간수들과 억압자들까지도 사랑함으로써 아가페의 한 형태를 실천하였다:

> 모든 인간들의 마음 깊은 곳에는 자비와 관대함이 있음을 나는 늘 알고 있었다. 어느 누구도 피부색과 배경과 종교 때문에 타인을 미워하도록 태어나지 않는다. 사람들은 미워하도록 배웠야 하였을 뿐이다. 그들이 미워하도록 배울 수 있다면 사랑하도록 가르쳐질 수도 있다. 왜냐하면 사랑은 그 반대보다 훨씬 자연스럽게 인간의 마음에 닿기 때문이다. 감옥에서, 심지어 가장 어두운 시간을 보내며 내 동지들과 함께 한계상황

> 으로 내몰릴 때, 나는 한 간수로부터 인간미의 희미한 빛을 보게 되었다. 비록 일초밖에 안 되는 순간이었지만, 그것은 나를 안심시켜 주었고 계속 나아가도록 하기에 충분하였다. 인간의 선은 감춰질 수는 있지만 결코 꺼지지 않을 불길이다(p. 542).

아가페가 교육에서 행할 역할이 있는가? 영화 'Etre et avoir(To Be and to Have)'에 나오는 교사의 사랑은 아가페에 다가간다. 이 영화는 프랑스의 한 시골 학교에서 교사로서의 마지막 해를 보내고 있는 조지스 로페즈(Georges Lopez)를 그려내고 있다. 맨 처음, 혹자는 그의 전통적인 교수 방식에 놀랄 것이다; 예를 들면 그는 학생들에게 읽어주고 받아쓰기를 시킨다. 그러나 그는 모든 상황에서 학생들을 온전한 관심과 돌봄으로 대하고 있다. 나탈리라고 하는 한 6학년 학생은 부끄럼이 많아 말을 거의 하지 않는다. 영화의 끝무렵, 나탈리는 학교 계단 위에 로페즈와 나란히 앉아서 다음 해 새 학교로 가면 그녀가 어떻게 해야 할지에 대해 이야기를 나누고 있다. 로페즈는 가장 다정한 방식으로 나탈리가 가진 의사소통의 어려움을 탐구하면서, 원한다면 토요일마다 자신을 방문하도록 제안한다. 소녀는 눈물을 애써 참고 있다. 이 장면은 내가 보았던 영화들 중 가장 감동적인 장면들 중 하나다. 이 감동은 이 학생을 대하는 이 교사의 돌봄의 깊이에서 나온다. 영화 평론가인 랍 토마스(Rob Thomas)는 나와 같은 느낌을 이렇게 요약하고 있다:

> 고매한 수염과 준엄한 시선을 가진 로페즈는 처음에는 엄격한 작업 감독관처럼 보인다. … 그러나 우리는 곧장 그가 훌륭한 교사라는 말이 내포하듯 모든 의미에 맞는 훌륭한 교사라는 것을 알게 된다. 아이들을 가르

침에 있어 인내심과 존중의 무한한 저장고에서 나오는, 결코 목청을 높이지도, 제일 나이 어린 학생도 무시하지 않는 … **그의 교수는 간단히 말해 내가 영화에서 본 가장 고결한 사랑의 표현들 중 하나다**(서체 변환은 저자가 첨가함, http://www.rottentomatoes.com/m/to_be_and_to_have/articles/1238605).

로페즈의 강력하고 '사랑 가득하게 함께하는'(loving presence) 모습은 교수에서 정말로 무엇이 중요한지를 전하고 있다. 아가페는 학생들에게 '가르쳐질' 수 없다; 이것은 교사의 영혼으로부터 흘러나와야 한다.

에로스 혹은 우주적인 사랑

에로스는 개인을 초월한 사랑이다. 마틴 루터 킹 주니어(Martin Luther King, Jr.)는 이 사랑을 다음과 같이 묘사하고 있다:

> 지고의 선이 사랑이라는 것을 나는 발견하였다. 이 원칙은 우주의 중심에 있다. 이것은 생명을 통합하는 대단한 힘이다.
>
> 내가 사랑을 말할 때, 나는 모든 훌륭한 종교들이 생명을 통합하는 최고의 원칙으로 여기는 그 힘을 말한다. 사랑은 궁극적인 실재로 가는 문을 열어주는 열쇠다(Lin, 2006, p. xxi에서 인용).

이 형태의 사랑은 우리가 참여하고 있는 무엇이다(something); 거기에는 대상이 없으며, 그보다 더 큰, 우주적인 힘의 일부가 되어 가는 것이

다. 소설가이며 에세이 작가인 데이비드 던칸(David Duncan)은 이를 훌륭하게 묘사한다:

> 어떤 작은 일들이 사랑으로 행해질 때 그것은 흠이 있는 너와 내가 한 일이 아니다: 그것은 사랑이 한 일이다. 나는 좌파나 우파, 중도파, 어떤 정치적 파당에도 믿음이 없다. 나는 사랑에 대해서만은 무한한 믿음을 가지고 있다. 이 믿음을 간직하면서, 이 이상한 시대에 시민이 되고 예술가가 되고 혹은 운동가가 되는, 내가 아는바, 영적으로 책임질 수 있는 유일한 길은 지구를 지킨다거나 세계의 평화를 수호한다거나 신보수주의자들의 탐욕을 근절시킨다거나 하는 '대단한 일들'에 전혀 마음을 주지 않는 것이다. 대단한 일들이란 실행할 수 없는 경우가 많다. 반면에 사랑으로 행해지는 작은 일들은 언제나 손 닿을 만한 곳에 있다(Hawken, 2007, p. 188에서 인용).

던칸이 꼬집어 말해 주듯이 사랑은 개인적인 차원을 넘어선다. 교사된 우리에게 이 같은 무한의 믿음이 필요하다. 이것이 우리로 하여금 교수 활동의 어려운 도전들을 이겨내게 해준다.

언젠가 내 수업의 학생들에게 수업 시간에 무슨 일들이 일어났는지 감지한 바를 돌아가며 종이 위에 써보게 하였다. 한 학생은 "이 방안에 아주 많은 사랑이 있습니다"라고 썼다. 이 때의 사랑은 개인적인 차원을 초월하며 던칸이 말한 더 큰 사랑이다. 이러한 사랑이 현존할 때 학생들은 안심하고 확신에 찬다.

전인 학교는 그 곳에 있으면 사랑을 받고 있다고 느끼기 때문에 있고 싶어지는 바로 그런 장소다. 알버트 큘렌(Albert Cullen)의 교수 활동이 나오는 영화 'A Touch of Greatness'는 뉴욕의 라이(Rye, New York)

에서 지난 40년 동안 그가 가르쳤던 학생들과의 상봉을 보여준다. 그의 반에서 유일하게 흑인이었던 학생은 자신이 큘렌의 학생이었을 때 사랑받고 있음을 느꼈다고 말하였다. 사랑이 인종 차별의 궁극적인 해답이 아닐까?

조나단 코졸(Jonathan Kozol, 2007)은 그의 책 『젊은 교사에게 쓴 편지들(Letters to a Young Teacher)』에서 '지배적 차이들(hegemonic differences)에 대한 부풀려진 어휘들'은 필요치 않으며, 다만 '사랑과 타고난 감수성'으로 인종적인 분열을 넘어 '그들을 기다리고 있는 정중함(graciousness)과 관대함(generosity)'을 발견하는 교사들이 필요하다고 말한다(p. 203).

많은 영적 지도자들과 함께 공부하였으며 폭넓은 독서를 하고 영성에 대한 책들을 펴낸 알도스 헉슬리(Aldous Huxley)도 자신의 학업 과정에서 배운 가장 큰 것을 간단하게 말하자면 '친절하라'는 것이라 하였다.

기원적으로 **에로스**라는 단어는 우주에 조화를 가져다주는 에너지를 가리켰다. 그러므로 에로스는 분열을 극복하는 열정적인 에너지 혹은 사랑을 말한다. 이상적으로, 전인 학교의 교장은 에로스를 실천하면서 공동체의 형성을 돕는 사람이라 할 수 있다. 나는 다음의 원칙들이 사랑의 공동체를 세워 가려는 교장에게 도움을 줄 것이라고 믿는다.

비전은 변화를 위한 중요한 촉매다. 교장은 비전을 실현하는 데 결정적인 역할을 하기 때문에 늘 비전을 먹고 살아야 한다. 비전은 어떤 강령(mission statement)이 아니고 하나의 살아있는 실재(lived reality)다. 물론 그 비전의 중앙에 전인 아동이 있다. 비전은 일상적으로 진행되는 학교 생활에 내포되어 있고, 거기서 일하는 사람들의 마음과 정신으로부터 생성된다. 사고와 행동을 더 깊게 통합할수록 더 강력한 효과가 교사들에게 나타난다. 비전은 학교가 가야 할 방향을 설정해 주어야 하며 충분히 개방되어 있어야 한다. 그래야 교사들이 그 안에서 서로 공유하고 그것의 발전을 위해 공헌할 수 있다.

비전은 유기적이다. 교장의 비전은 교리적이지 않고 융통성을 가지며, 전인 아동에 대한 이해와 더불어 성장과 변화를 동반할 수 있는 것이다. 많은 교사들이 홀리스틱 교육에 대한 자신들의 개념은 계속해서 변하고 진보한다고 내게 말한다. 가장 기본적인 수준에서의 근본적인 변화는 안에서 밖으로(from inside out) 발생한다(Hunt, 1987). 다시 말해 깊은 변화는 마음에서 나온다. 오랜 기간 영향을 주는 변화는 우리가 홀리스틱 원칙들에 깊은 일치감을 가질 때, 그러한 원칙대로 살아가며 가르칠 때 발생한다. 간단히 말해, 전인 아동 교육이 제대로 작동하려면 어떤 양상의 내적 변화(inner transformation)가 있어야 한다는 말이다. 그것은 절대로 억지로 될 수도, 강제로 부과될 수도 없다. 나는 함께 일하고 있는 수백 명의 대학원 학생들에게 이런 일들이 일어나고 있음을 지켜본다. 교장의 업무가 자신의 가장 깊은 가치들의 연장이 될 때 그 업무는 종종 깊은 희락과 성취감으로 채워진다.

초점을 가지되 상세한 계획은 피하라. 교장에게 필요한 것은 비전이지 세세한 계획이 아니다. 계획이란 삶의 흐름과 반대로 끝나기도 하며, 교장과 교사들로 하여금 현재의 순간에 열려 있지 못하게 하곤 한다. 물론, 우선순위와 초점을 가지고 있는 것은 중요하다. 그러나 너무 많은 고정된 역할과 세부사항들을 가지고 가려 할 때 문제가 발생하기 마련이다. 소련(Soviet Union)의 5개년 계획에 무슨 일이 일어났는지 우리는 알고 있다. 우리의 교육 시스템도 너무 많은 계획들, 임무들, 대책 위원회들로 인해 유사한 운명을 맞이하고 있다. 사랑의 공동체에 대한 살아있는 비전을 가지고 일하는 교장이 어느 대책 위원회에서 내려 보낸 권고들보다 중요하다.

학교를 공장이 아닌 살아있는 유기체(a living organism)로 보라. 여기서 나는 피터 센지(Peter Senge, 1990)의 말을 인용하고 싶다:

> 조직을 논하는 많은 작가들은 전통적이며 권위적 수직구조와는 전적으로 다른 조직 조절(organizational control)의 이미지를 제시하기 위해 '유기체로서의 조직'이라는 메타포를 사용해 왔다. 이것은 현장 조절(local control)의 이미지로, 안정과 성장에 필요한 건강한 조건들을 유지하기 위해 변화에 지속적으로 대응하는 현장에서 이루어지는 셀 수 없이 많은 의사 결정 과정들을 중시하는 것을 말한다(p. 293).

그러므로 전인 아동 교육은 학교를 유기체로, 그리고 변화를 유기적인 것으로 본다. 학교를 생산 라인에 맞춰 일하는 공장으로 여기지 않고 살아있는 복잡한 유기체로 보며 또한 계속 진화한다고 여긴다—목적 의식, 협동, 깊은 내적 방향감을 통해 변화한다고 본다.

이러한 과정에서 주된 초점은 교사의 개인적인 성장이다. 우리가 어떻게 전인 교사를 양성할 수 있을지는 다음 장에서 논의할 것이다.

변화는 직선적인(linear) 것이 아니다. 학교는 복잡하게 상호 작용하는 관계성들의 망으로 가장 잘 묘사될 수 있다. 학교 내부적으로 존재하는 관계의 망들과 근접하고 있는 공동체에 학교가 어떻게 연결되고 있는지를 이해하는 것 또한 중요하다. 이러한 연결들에 대한 이해를 갖고 교직원이나 교사들의 그룹과 함께 일할 때, 더 민감한 인식을 얻게 된다. 예를 들어, 교장이 어떻게 교직원과 일하는지는 대단히 중요한 요소다. 교장이 협동을 모델로 삼고 있다면 중대한 변화를 초래할 수 있는 보다 많은 기회들을 갖게 된다.

비언어적인, 암묵적인 차원을 인정하라. 많은 변화는 언어가 아니라 비언어적인, 암묵적인 수준에서 일어난다. 말없이 표현된 것이 변화의 방향에 영향을 주는 데 가장 큰 힘을 발휘한다. 일례로 말없이 전인 아동 교육에 깊게 헌신하는 교장이나 교사들은 변화의 풍토를 만드는 데 대단히 많은 일들을 할 수 있다. 우리는 무언가를 실행함에 있어 슬로건이나 전문용어의 노예가 되어 가고 있다. 침묵과 여지(space and silence)의 중요성을 인식하기 시작하면 말이 필요한 곳도 깨닫게 된다. 우리가 암묵적 차원을 인정할 때, 말은 단지 우리의 귀를 채우는 '헤드토크'(head talk)가 아니라 보다 깊은 의미를 전하게 된다. 침묵 속에서 우리는 우리의 생각과 행동을 주목하게 되고, 그것들이 우리 자신들과 타인들에게 어떤 결과를 가져올지 발견하기 시작한다. 변화가 오로지 언어와 각종 모델들과만 결탁되었다면 불운한 결말을 맞이하게 된다; 침묵의 차원을 인정할 때, 그 변화는 강력하고 때로는 놀라운 방식으로 펼쳐질 것이다.

교장은 전인 아동 교육에 전념해야만 한다. 교사들이 전인 교육과정을 이용하고 전인 교수를 하도록 지지해 주어야 한다; 그렇지 않으면 교사들은 학교에서 홀로 혹은 작은 그룹에 고립되고 말 것이다. 교장은 교사 교육 팀을 만들어 교사들 간에 협력하는 환경을 세워 나가도록 도울 수 있다. 이것은 교사들이 학생을 돌보듯이 교장들은 교직원을 돌봄으로써 가능하다. 다시 말해, 교장은 교사들과 온전히 **함께해야**(present) 하는 것이다. 교사들에게 물었던 질문과 똑같은 질문을 자기 자신에게도 던져보고, 위험을 감수하며, 교사들도 위험을 감수하도록 독려한다; 마음을 열고 상처받기 쉽게 됨으로써(by being open and vulnerable) 위험을 감수하라고 장려한다.

교장은 변화는 점진적이며 유기적이어서 생태학적(ecological) 견지에서 접근해야 하는 것임을 깨달아야 한다. 즉, 그럼으로써 초래할 가능한 효과들을 인식하면서 개입해야 함을 의미한다. 변화에 대한 협소하고 기계적인 접근은 사물의 상호 의존적 본질을 인식하지 못하기 때문에 피해야 한다. 그러므로 교장은 교사 교육 팀들을 설립하려 할 때 허둥지둥 그룹들을 만들기보다는 각 팀에게 기대되는 가능한 효과들에 대한 생각을 전달해야 한다. 교직원들에게 너무 위협적이지 않은 전문성 발달 전략을 소개해야 할 것이다. 그리고 교장은 각 교사가 준비해야 할 것이 무엇인지 그리고 그들의 성장에 적합한 기회가 무엇인지를 직관적으로 인식해야 한다.

교장의 열정과 에너지를 통해 에로스는 전인 아동 학교와 사랑의 공동체를 존재케 하는 일을 도울 수 있다.

요약

나는 학교 안에 사랑의 공동체를 세워가는 데 도움을 주는 몇 가지 방법을 기술해 보았다. 이는 다음과 같이 요약된다:

- '소규모' 학교를 양성하라.
- '루핑'(looping)을 이용하라.
- 교실에서 원형 모임을 가져라.
- 학생들 간의 유대감 형성을 돕는 봉사 프로젝트를 시도하라.
- 자애 명상을 연습하라.
- 타 국가 학생들과 연계 가능한 글로벌 교육 프로젝트를 시도하라.
- 교장들이 구체화하는 살아있는 비전을 발전시켜라.

• 비언어적 메시지와 행동에 주의를 기울여라.

• 관심과 사랑을 가지고 작은 일들을 행하라.

마틴 루터 킹의 'I have a dream'이라는 명연설은 끊임없이 재연되고 인용된다. 사랑의 공동체야말로 그 꿈의 핵심이며, 우리의 학교들이 고취해야 할 비전을 제시한다. 전인 아동을 교육하는 전인 학교들을 만들어 감으로써 그 비전이 바야흐로 살아있는 현실이 되도록 해야 할 때다.

참 | 고 | 문 | 헌

Baldwin, C.(1994). *Calling the circle: The first and future culture*. Newberg, OR: Swan-Raven and Co.

Barker, R.B. & Gump, P. V.(1964). *Big school, small school*. Palo Alto, CA: Stanford University Press.

Cotton, K.(1996). *Close-up #20. School improvement research series*. Portland, OR: Northwest Regional Educational Lab.

Gibbs, J.(1994). *Tribes: A new way of learning together*. Santa Rosa, CA: Centre Source Publications.

Gougeon, L.(2007). *Emerson and eros: The making of a cultural hero*. Albany, NY: State University of New York Press.

hooks, b.(2000). *All about love: New visions*. New York: HaperPerennial.

Hawken, P. (2007). *Blessed unrest*. New York: Viking.

Hunt, D.E.(1987). *Beginning with ourselves: In practice, theory and human affairs*. Toronto: OISE Press.

King, M.L., Jr.(1957). Facing the challenge of a new age. *Phylon, 18*(April).

King, M.L., Jr.(1963). The American dream. *The Negro History Bulletin, 31*.

King, M.L.,Jr.(1967). *Where do we go from here: Chaos or community?* New York: Harper and Row.

King, M.L., Jr.(1968). Honoring Dr Du Bois. *Freedomways, 8*(2), 104-11.

Kozol, J.(2007). *Letters to a young teacher*. New York: Crown.

Lee, V., & Smith, J.(1994). *Effects of high school restructuring on size and achievement*. Madison, WI: National Centre for Organization and Restructuring of Schools.

Lin, J.(2006). *Love, peace, and wisdom in education: A vision for education in the 21st century*. Lanham,MD: Rowman and Littlefield Education.

Mandela, N.(1994). *Long walk to freedom*. Boston: Little, Brown.

Phillips, C.(2007). *Socrates in love: Philosophy for a passionate heart*. New York: W.W.Norton.

Senge, P. (1990). *The fifth discipline: The art and practice of the learning organization*. New York: Doubleday.

Sher, J.O.(1977). *Education in rural America*. Boulder, CO: Westview Press.

Smith, K.L., & Zepp, Jr, I.G.(1998). *Search for the beloved community: The thinking for Martin Luther King Jr.* Valley Forge, PA: Judson Press.

Wasley, P. (2000). *Small schools and the issue of scale*. New York: Bank Street College of Education.

제6장

전인 교사

전인 아동을 가르치기 위해서는 전인 교사가 필요하다. 전인 교사는 인내, 함께함, 돌봄, 사랑과 겸손의 덕목을 실천하는 교사를 말한다. 이런 교사는 평생을 배우는 자로서, 전인 교사가 되는 길은 결코 끝이 없음을 겸허히 인정하는 사람이다. 이 장에서는 전인 교사의 자질에 대해 논의하고 명상과 마인풀니스를 포함하여 그러한 자질을 고양하는 다양한 수련들을 제안하려 한다.

인내

우리는 인내하지 못하는 사회에서 살고 있다. 참을성 없는 운전자들로 가득한 도로나 식품점에서 줄을 서서 몹시 화가 난 사람들을 본다. TV 쇼나 비디오를 보며 짧은 집중 시간에 익숙해진 아이들에게서도 인내의 부족함을 발견한다.

교사된 우리들도 인내심을 함양할 필요가 있다. 아이들은 서로 다른 속도와 방식으로 학습한다. 만일 우리가 인내하고 즉각적인 반응을 삼가게 되면 학습과 행동이 변할 것이다. 모든 교사들은 학생들에게서 짜증내는 행동을 경험한다. 하지만 부정적인 반응을 삼간다면 긍정적인 변화가 일어날 수 있다. 대학원 수업 시간에 한 젊은 여학생이 있었는데 좀처럼 집중하지도 않고 몇 번을 결석하기도 하였다. 나는 그 학생의 행동이 불편하였고, 내 과목으로부터 얻은 것이 별로 없겠구나라고까지 생각하게 되었다. 하지만, 그 학생은 기말 시험지에 자신의 섭식질환(eating disorder)에 대해 피력하면서 수업을 통해 치유를 경험하였다고 말하였다. 최근 또 다른 수업 시간에는 심기가 매우 불편해 보이는 한 남학생이 있었다. 하지만, 내가 다음 학기에는 행정적인 업무로 인해 가르치기가 힘들 것 같다고 하자, 그는 가을학기에 내 과목을 들을 수 없어서 화가 난다고 말하였다. 두 경우 모두 초기 행동에 내가 즉각적인 반응을 하지 않고 인내한 것이 얼마나 훌륭한 접근이었는지를 말해준다.

명상과 마인풀니스 수련은 인내를 함양시켜 준다. 조용하게 이삼 십분을 앉아서, 여러 감정들과 사고들을, 이것들을 변화시키려 노력하지 않으면서, 경험하도록 배우게 된다. 명상이 무료하다고 말하는 사람들도 있지만, 무료함과 함께 앉아 이를 지켜보는 것을 배움으로써 우리는 우리의 삶과 가르치는 일에도 서서히 스며들게 될 인내를 함양하게 된다.

함께함

가능한 한 최대로 우리는 교실에서 함께해야 한다. 학생들이 우리에게 다가와 질문을 할 때, 우리가 '거기'에 있는지 아닌지를 그들은 직감한다. 학생들은 그 어떤 것들보다도 교사 된 우리가 온전하고 진실하게 함께 있어 주길 바라며, 이런 함께함을 통해서만 교사는 학생들과 연결된다. 하지만 오늘날과 같은 세상에서 그리고 바삐 움직이는 교실에서 이것은 실로 도전이 된다. 우리는 여러 상념들에 사로잡힐 수 있으며 이것이 온전히 함께하는 것을 방해한다.

우리에게 영향을 끼친 선생님들을 회상해 본다면 우리가 기억하는 것은 종종 그들이 가르친 학습 내용이 아니라 우리를 깊게 어루만졌던 그들의 '함께함'이다. 선 사부[선종교의 스승-역주]인 션류 스즈키(Shunryu Suzuki)는 교사의 함께함에 관한 멋진 이야기를 들려준다. 그가 일본의 어떤 절의 주지였을 때, 절에서 운영하는 학교에서 일할 유치원 교사를 찾고 있었다. 그는 한 여성을 찾아 계속해서 청하였지만 그녀는 이를 계속 고사하였다. 마지막으로, 그는 이렇게 말하였다: "어떤 것도 하실 필요가 없어요. 그저 거기에 계셔 주시면 됩니다." 그러자 그녀는 제안을 수락하였다. 그는 그녀가 거기에 함께하는 것 자체만으로도 아이들의 삶을 변화시킬 거라고 확신하였던 것이다. 물론 교수 활동이 함께 있는 것에만 제한되지는 않는다. 그 일에는 기술(skills)과 이해(understandings)도 수반되어야 한다.

에머슨(Emerson)은 교사들과 대화하면서 교수 활동에서의 함께함의 중요성을 강조하였다:

> 여러분은 여러분 자신의 행동으로서 학생들로 하여금 실천 가능한 일들을 어떻게 행할 수 있는지 가르친다. 이는 여러분의 삶으로부터 흘러나온 그 깊이에 따라서 이루어지는 것으로, 그러한 깊이는 여러분의 왕성한 노력뿐만 아니라 태도들 그리고 함께함으로 이룬 깊이다. 세상의 아름다운 본질은 여기서 여러분의 행복과 능력을 융합한다. … 여러분 자신을 가장 지고한 사상의 기관(an organ of your highest thought)이게 하라. 그러면 보라! 여러분은 갑자기 모든 사람들로 하여금 당신에게 빚진 자들이 되게 하고, 여러분은 사회의 변경들과 사물들의 둘레로 유익의 파도를 따라 에너지를 분출하는 샘이다(Jones, 1966, p. 227).

돌봄

우리의 함께함을 보여주는 한 가지 방법은 돌봄을 통해서이다. 넬 나딩스(1992)는 교육적 상황에서의 돌봄에 관한 광범위한 저술을 하였다. 그녀는 코머(Comer, 1988)의 연구를 인용하면서, 학생들의 가장 큰 불만 한 가지는 교사들이 돌보지 않는다는 것이라 언급한다. 나딩스는 돌봄을 돌보는 자(carer or 'one caring')의 의식 상태라 묘사하며, 몰두(engrossment)와 동기적 전이(motivational displacement)가 그 특징이라고 설명한다. 몰두의 다른 표현은 완전하게 주의를 기울이는 것이다. 동기적 전이란 우리의 관심을 타인의 필요로 전환시키는 것을 말한다. '어린아이가 신발끈을 매는 것을 지켜보고 있노라면 우리는 때때로 우리의 손가락을 움직이게 되는 공감적 반작용(sympathetic reaction)을 느낀다'(p. 16). 타인들을 돌볼 때 그들이 필요로 하는 것들이 우리의 의식 속에 또렷하게 자리하게 된다.

모든 아이들의 이름을 속히 기억하고 그들의 삶에 흥미를 가지면서 우리는 돌보는 행위를 시작할 수 있다. 예를 들면, 학생이 운동을 하거나 드라마에 참여할 때 우리는 경기나 연극이 어땠는지 물어볼 수 있다. 돌봄은 또한 비언어적 행동을 통해 전달되기도 한다; 따뜻한 미소와 직접적인 눈의 마주침은 어떤 말만큼 강력하다.

교과목과 교수에 사용되는 물품을 돌보는 것 또한 중요하다. 우리의 목소리 어조가 교과에 대한 우리의 관심을 전달해줄 수 있는데 그것만으로도 학생들은 우리가 주제에 관여하고 있는지 감지할 수 있다. 학습 자료를 제시하는 방식 또한 돌봄의 척도가 된다. 예를 들면, 창의적인 접근으로 가르치고 있는가?

사랑

교사로서의 직업을 우리는 사랑하고 있는가? 이것은 매우 중대하며 근본적인 질문이다. 사랑하고 있는지의 여부는 가르치는 일을 즐거워하고 있는지를 보면 명백히 드러난다. 대부분의 교사들은 애니 설리반(Annie Sullivan)이 자신의 제자였던 헬렌 켈러(Helen Keller)와 연결되었을 때 느꼈던 것을 경험하고 있다. "내 심장이 기쁨으로 노래를 부른다. … 내 작은 제자의 마음에 이해의 빛이 깃들었다. 보라. 모든 것들이 변화되었다"(Howe, 2003, p. 228에서 인용).

이상적으로 우리는, 에머슨이 말한 것처럼, 우리의 일 속으로 우리 자신을 던져야 한다: "어떤 일을 할 때 여러분은 전력을 다해서 그 일을 해야 합니다. 여러분의 모든 영혼을 거기에 쏟아 부어야 합니다. 여러분의 성품(personality)으로 거기에 도장을 찍어야 합니다. 열정이 없이 대단한 일은 이루어지지 않습니다"(Howe, 2003, p. 235에서 인용됨). 여기서 열정은 일에 대한 사랑과 밀접하게 연결된다. 말할 것도 없이 가르치는 일은 끝없는 도전과 실망을 수반한다. 하지만 일에 대한 사랑은 우리로 하여금 어려운 시간을 지나도록 도울 것이다.

사랑은 또한 우리 학생들을 위한 최상의 것들을 소망하는 데에서 명백하게 드러난다. 우리는 그들이 잘되기를 그리고 전인으로서의 인간이 되기를 원한다.

겸손

교사인 우리는 배움의 길은 끝이 없다는 것을 알고 있다. 세상과 교과목과 그리고 아이들이 어떻게 학습하는가에 대해 우리는 끊임없는 호기심을 가진다. 우리의 호기심은 아이들의 호기심과 잘 어우러져야 한다. 이 호기심을 통해 우리는 학생들에게서 우리 자신을 발견할 수 있다. 가끔, 어떤 주요 학습 프로젝트에 도전하면서(예를 들면 새로운 언어를 배우는 것), 우리는 뭔가 새롭고 어려운 것을 배움에 있어 학생들이 어떤 느낌을 갖는지 공감할 수 있다. 이런 호기심은 계속해서 우리를 겸손하게 해주고, 배움의 과정에는 끝이 없다는 것을 깨닫게 한다.

우리가 수행한 가르침의 결과들을 결코 완벽하게 알 수 없다는 사실 또한 우리를 겸손하게 만든다. 몇 년이 흐른 뒤, 우리가 가르친 수업을 통해 참 많이 배웠다고 말하는 한 학생을 만나게 될 수도 있다. 그러나 이는 드문 경우일 것이며, 여러 해 동안 가르쳤던 다른 모든 학생들에게 어떤 영향을 주었는지 궁금해할 수 있다. 분명한 것은 가르치는 일에는 어떤 신비(mystery)가 동반된다는 것이다. 이런 신비함을 자각하는 것이 진정한 겸손이다. 헨리 아담스(Henry Adams)는 이렇게 쓰고 있다: "교사의 영향력은 영원하다; 그의 영향력이 어디서 멈추게 될지 그는 결코 말할 수 없다"(Howe, 2003, p. 238에서 인용).

온전함을 향하여

우리는 어떻게 인내, 함께함, 돌봄, 사랑, 겸손을 함양할 수 있을까? 나는 지난 20년 동안 교사들에게 명상과 마인풀니스를 가르쳐 오면서 이것이 전인 교사가 되는 한 가지 길이라 믿게 되었다. 나는 대학원에서는 경력 있는 교사들을 위한 강의를 개설하여 가르치고 있으며, 근래에는 신입 교사 교육 프로그램(Initial Teacher Education program)에 등록한 학생들을 위한 과정들을 개설하여 가르치고 있다. 지금까지 나는 이런 강의들을 통해 대략 2,000명의 학생들에게 명상 수련을 소개해 왔다. 20년 동안 두 명의 학생만이 과제를 수행할 수 없다고 알려왔고, 수업 시간에 행한 명상에 대해 부정적인 경험을 토로한 학생은 지금까지 한 명도 없다. 대학원 수업의 대부분(80퍼센트)은 20대, 30대, 40대의 여성들이다. 학생들 중 다수가 캐나다 온타리오 주에서 오지만, 브라질, 중국, 인도, 인도네시아, 이란, 이탈리아, 레바논, 일본, 한국, 말타, 말레이시아, 소말리아에서 온 학생들도 가르쳐 왔다.

명상

학생들은 일곱 가지 유형의 명상을 소개받게 된다: 호흡 명상(meditation on the breath), 호흡 세기(counting the breath), 자애(loving-kindness),

만트라(mantra), 동작(movement, 예, 걷기), 심상화(visualization), 시와 경전의 묵상(contemplation of poetry or sacred texts). 자세한 설명은 부록에 기술되어 있다. 몇몇 학생들은 자신들 나름대로의 방식으로 명상을 하며 자신들의 종교적, 영적 수련과 명상을 접목하기도 한다. 앉아서 하는 명상을 장려하지만 어떤 학생들은 움직이며 하는 명상을 선호한다. 예를 들면, 한 학생은 매일 수영을 하는데, 명상적 자각(mindful awareness)의 수련을 수영에 적용한다. 어떤 유형을 선택하든, 명상은 학생들로 하여금 타산적인 마음(calculating mind)을 떠나 보내고 듣는 마음(listening mind)에 열리게 하여 결과적으로 **느긋해진 민감성**(relaxed alertness)을 가지도록 해준다.

학생들은 6주 동안 매일 명상을 하게 되는데 초기에는 하루에 10~15분 정도를, 6주가 끝나갈 무렵에는 25~30분 정도를 하도록 장려하고 있다. 그들은 명상을 하면서 경험하였던 것을 저널로 남겨야 한다(예를 들면, 명상을 하는 동안 집중과 초점에 대해, 몸은 어떤 느낌을 갖는지에 대해). 저널은 또한 명상이 그들에게 어떻게 영향을 주고 있는가를 중요하게 다룬다. 다음은 저널에서 보여진 몇 가지 테마들이다:

- 혼자 있는 시간을 더 많이 가지며 자기 자신과의 함께함(company)을 즐김
- 듣기 능력의 향상
- 활력의 증진
- 상황에 덜 즉각적으로 반응하고 더 나은 차분함과 명료함을 경험

과정의 마지막에 학생들은 한 학기 동안 경험한 것을 성찰적으로 요약하는 글을 쓰게 되는데, 다음의 것은 그 중 하나를 발췌한 것이다:

명상 경험이 내게 어떻게 이루어져 왔는지 표현하기란 쉽지 않다. … 지난 몇 주의 과정을 지나는 동안 내게 무슨 일이 일어났는지를 언어를 사용하여 묘사하는 것도 쉽지 않다. … 나를 가장 놀라게 한 것은 자애 명상에 얼마나 강렬하게 집중하게 되었는지 하는 것과 이것이 나 자신과 친구와 가족, 이웃, 나의 선생님, 동료, 지인들, 길에서 스쳐 가는 사람들, 나를 화나게 하는 사람들, 내가 반대하는 조직에 참여하고 동조하는 사람들에게까지 시사하는 바가 컸다는 것이다. 자애를 그들에게 투영하였던 것은 나의 관계성에 명백하며 구체적인 전환을 가져왔다—내가 모르는 사이에 혹은 내가 의도하지 않았는데도 말이다. 우리는 변화에 영향을 주려면 무언가를 '해야' 한다고 늘상 생각한다. 우리 자신을 우리 자아에 맞추고, 애긍심과 이해와 성찰의 능력에 맞춤으로써 우리는 행동하며, 변화에 영향을 준게 된다는 것을 인식하지 못한 채 말이다. 마인풀니스 수련은 그와 같은 방식으로 변화에 영향을 준다고 나는 믿는다. 마인풀니스 수련은 … 적어도 나로 하여금 매일의 경험들을 정말로 거기에 있어야 할 필요도 없이 통과해 나갈 때, 무턱대고(blindly) 반응하거나 인정하기 전에 잠시동안 멈추어 설 수 있게 해준다. 나는 그 효과를 감지하였다—그 변화를 느꼈다. 사람들과 관계를 맺다 보면 갑자기 생기는 좋은 느낌이 있는데 그 때 나는 그 효과를 가장 크게 느끼게 된다—물론 여기서 사람들은 친구들과 가족만을 뜻하지 않는다. 낯선 사람들과 관계를 맺었을 때, 그들을 처음 보았을 때, 그들을 내 동료로 그리고 나의 일부로 생각하게 되었을 때, 그 효과를 가장 많이 느꼈다. … 내가 말하려는 바는 … 그 효과는 내가 더 이상 나 자신과 그들 사이를 구별하지 않게 되었다는 것이다.

마인풀니스

앉거나 움직이면서 행하는 명상 외에 나는 학생들에게 마인풀니스를 소개한다. 마인풀니스는 우리가 순간 순간에 행하는 활동들에 온전히 참여(being present)하는 것을 의미한다. 선 사부인 수잔 머피(Susan Murphy, 2006)는 마인풀니스를 다음과 같이 묘사한다:

> 마음을 다하는 행동(mindful behavior)의 가장 간단한 한 정의는 주목(paying attention)하는 것이다. **이것이 모든 사물들에게 아름다움을 선사한다; 그것들은 주목받고 있음을 느낀다.** 마인풀니스는 한 가지에 주목하는 것, 지금 바로 여기에 존재하는 마음을 수련한다. 이것은 방석에 앉아 하는 명상을 통해 배우고 제련되지만 점차로 우리의 삶 속 모든 활동으로 확대되어 간다—잠자고, 깨어나고, 일하고, 놀이하고, 먹고 마시며, 청소하고, 아이를 기르며, 사랑하고, 아기를 낳고, 병마를 이겨내며, 심지어는 죽어 가는 것에까지도. 그러나 이를 위해 무한정 노력을 기울여야 하는 것은 아니다. 마치 가지 위에 나른하게 누워, 아무것도 놓치지 않으면서 동시에 깊은 휴식을 취하는 호랑이처럼, 마인풀니스는 실제로 축적된 힘을 갖게 한다(p. 19, 서체 변환은 저자가 첨가함).

우리가 만일 학생들에게 이런 방식으로 주목할 수 있다면 아름다운 일들이 일어날 수 있다.

내 수업에서 몇몇 학생들은 마인풀니스를 강력한 수련으로 알게 되었다. 한 학생은 그녀의 가정 생활에 이를 주요 수련으로 삼았다. 자기 말에 귀를 기울이는 것이 그토록 고통스럽느냐는 남편의 지적 때문에 그녀는 이를 시작하게 되었다. 이제는 남편과 아이들이 말할 때 온전히 들을 수 있게 되었다. 아이들의 말을 듣는 것과 관련해 그녀는 이렇게

적고 있다: "내가 매번 그들의 이야기를 듣기 위해 하던 것을 멈추었을 때 아이들은 놀라는 듯 하였어요. 그리고 기뻐하였구요. 내가 그들을 위해 언제든 시간을 할애한다고 생각하였기 때문이겠죠." 한 주쯤 후에 그녀는 집안에 소음 수준이 상당히 내려갔음을 발견하고는 … 전에 없었던 고요함을 집에서 느꼈다고 말하였다. 그녀는 또한 사람들이 자신에게 말할 때 판단을 가하지 않으려고 노력하였다. 이를 통해 그녀는 자신이 자주 사람들이 말하고자 하는 바를 예상하며 대화에 참여하였다는 것을 알게 되었다. 이러한 예상과 가정을 떨쳐 버리려는 노력이 그녀와 남편 그리고 아이들과의 관계에 긍정적인 영향을 가져왔다.

또한 마인풀니스 수련은 내 학생 중 하나인 아스드리드 드 케이로스(Astrid De Cairos)의 교수 접근에도 영향을 주었다. 그녀는 마인풀니스를 자신의 교수 일과에 통합하였다:

> 잠이 들고 멋진 세상으로 깨어나는 삶의 기적에 경이로움을 느끼며 나는 하루를 시작하였다. 이런 생각을 하며 아침 의식들(rituals)을 시작하였다. 일상적인 일들을 의식으로 생각하는 것은, 세수를 하고, 샤워를 하고, 아침식사를 하고, 출근을 할 때나 운전을 할 때, 더욱 깨어 있는 상태가 되도록 도움을 주었다. 학교에 들어서면서 먼저 교실로 향하기로 마음먹었다. 이전에는 사무실에 들러 출근부에 사인을 하고 인사를 나누기도 하였지만 이것은 내 마인풀니스 수련에 필요한 완전한 일체(oneness)를 이루는 일에 도움이 되지 않았다. 나의 모든 일들을 의식으로 만들어 갔다—계단을 오르는 것, 교실 문에 열쇠를 넣는 것, 코트를 옷걸이에 거는 것. 이렇게 단순한 일들에 마음을 다하는 것이 나의 하루를 얼마나 고요하고 선명하며 차분하게 만들어 주는지 실로 놀라웠다. 얼마나 여러 번 나는 이 교실에 들어와 코트와 모자와 장갑을 의자에 던져 놓고 복사

실로 달려갔으며, 돌아와서는 반시간을 어디에 내려놓았는지도 모르는 복사물을 찾으며 보냈던가? 밖으로 나가 업무를 수행할 시간이 되었을 때 얼마나 정신없이 장갑을 찾았는지는 말할 필요도 없다. 이런 일들 대신, 나는 교실에서 나의 아침 일정들에 하나씩 주의를 기울이기 시작하였으며 덕분에 아침 일과들은 차분해지고 덜 산만하게 되어 갔다.

수업 시작 전에 행하는 의식들 중 내가 제일 좋아하는 부분은 칠판에 하루 일정을 적는 것이다. 한 동료 교사는 내게 그것을 만류하기 위해 지난 6월에 무진 애를 썼다(그녀는 매일의 일과를 차트 종이에 써서 칠판에 붙인다). 그 때 나는 하루의 일정을 칠판에 적는 데에는 여러 목적이 있다고 그녀에게 설명하였다. 가장 중요한 것은 이 의식이 나로 하여금 교실의 중심에 서도록 돕는다는 것이었다. 지금 돌이켜보니 내가 얼마나 직관적이었던가 놀라울 따름이다. 이런 특별한 의식에 마음을 다함으로써 나는 정신없이 일과가 진행되는 동안 '여기'에 온전한 주의를 기울일 수 있었다. 교단에 서서 내 손에 쥐어 있는 분필의 부드러운 질감을 느낀다. 내가 서 있는 곳이 어디인지를 생각하며 내 주변을 관찰한다—식물들, 책들, 책상들, 그리고 아이들의 실내화들. 나는 오늘 두 번째로 삶의 기적에 놀라고 있다.

하루가 시작된다. 교실 밖에서 들어오는 아이들 한 사람 한 사람에게 온전히 주목한다. 그들과 상호 작용한다. 나는 "안녕" 하고 인사를 한다. 좋은 느낌이 전해진다. 새롭다. 예전에는 아이들이 입실할 때 한 번도 문 앞에 나와 있지 않았었다—언제나 너무 바빴었기에! 난 이 지각(sense of awareness)을 유지하기 위해 노력한다. 나의 (신체적이고 감정적인) 느낌과 '지금' 일어나고 있는 일들에 대한 나의 반응을 지각하고자 한다. 물론, 교실에서의 광적인 하루가 시작되고 하루 일과가 진행되는 동안 그 지각을 유지하기가 점점 힘겨워진다. 그러나, 이제 쉬는 시간에도 일하며 보내기보다는, 교직원실에 있는 동료들을 찾아갈 시간을 낸다. 가능할 때는 점심 시간을 이용해 해변가로 걸어 내려가 호수 저편을 바라보며 나를 둘러싼 세상의 아름다움에 마음을 다한다. 하루가 끝날 때, 나는 이 마음을 다하는 상태를 되찾고 학생들과 함께 온전히 종례 의식에 참여한다. 아이들이 교실에서 나가고 나면, 바닥을 쓸면서도 내 움직임과 빗자루 소리에 마음을 다한다. 종종 하루의 사건들을 쓸어 버리자고 생각하며 빗질을 시작해서는 곧바로 '지금' 쓸고 있는 실제의 행동에 집중한다. 여기에 있다는 것의 즐거움, 온전히 참여할 수 있다는 즐거움이 다시금 내게 삶의 기적을 상기시켜 준다(Miller, 2006, pp. 79-80).

또 다른 교사들도 마음을 다하는 과정이 어떻게 그들이 타인과 상호작용을 할 때보다 더 깊은 지각을 갖게 하였는지 이야기한다. 한 교사는 마인풀니스의 영향에 대해 이렇게 말한다:

마인풀니스 수련은 … 나로 하여금 매일의 경험들을 정말로 거기에 '있어야' 할 필요도 없이 통과해 나갈 때, 무턱대고(blindly) 반응하거나 인정하기 전에 잠시동안 멈추어 설 수 있게 해준다. …

지금 내가 '이해하게' 된 것은, 나는 나의 하루 하루를 그저 '통과'(go through)하고 싶지 않다는 것이다. 나는 그것들을 경험(experience)하고 싶다. 나의 나날들, 나의 관계들, 내 환경과 내 삶을 무턱대고 지나가고 싶지 않다. 나는 또한 세상의 아이들이 무턱대고 그들의 하루 하루를, 관계들을, 환경과 삶들을 지나가는 것 또한 원하지 않는다.

마인풀니스 수련의 결과들 중 하나는 교사들이 교실에서 덜 대응적인(less reactive) 경향을 갖게 된다는 것이다. 어떤 학생의 행동이 교사에게 도전이 될 때, 마인풀니스는 교사로 하여금 곧바로 이에 대응하기보다는 보다 넉넉한 자세로 무슨 일이 일어나는지 바라보게 돕는다. 즉각적인 반응은 종종 교사가 나중에 후회할 일이 되곤 한다.

한 교사는 딸과의 사이에서 생긴 한 사건을 언급하면서 마음을 다하는 것이 어떻게 자신의 초기 대응 행동을 극복하도록 도왔는지 들려주었다:

> 심화 학습(intense learning)의 두 번째 영역은 마인풀니스와 연관된다. 나는 언제나 나 자신을 훌륭한 청취자라고 자부하였다. 그러나 종종 다양한 자극들에 현혹되며 마음을 빼앗겼다. 이 능력에 대한 새로운 지각은 열아홉 살 난 딸아이와의 대화에서 내가 고장 난 레코드처럼 같은 말을 되풀이하였을 때 아주 분명해졌다. 대학에서 열심히 공부하지 않는 딸아이 때문에 속이 상하였다. 딸아이는 수업에 결석하기도 하였고 공부에 많은 시간을 쏟지 않았다고 인정하였다. "이것은 너의 인생이야!"라고 나는 말하였다. 딸아이도 내게 잔뜩 화가 나 있었다. 나는 거기서 멈추었다. 나는 딸아이가 얼마나 감정적으로 뒤집혀 있는지를 보게 되었다. 그래서 이렇게 말하였다. "네가 그런 식으로 내게 말한다면 난 너무 많이 외로울 거야." 딸아이는 나를 쳐다보았고, 자기의 감정을 이해하기 위해 내가 시간을 들였음을 이내 알아차렸다. 딸아이는 눈물을 쏟으며 나를 안았다. 나는 나 자신과 다른 사람들에게 진심으로 마음을 다하고자 한다.

수잔 머피가 묘사한 '가지 위의 호랑이'처럼 마인풀니스를 수련하는 동안 우리는 **느긋해진 민감성**의 상태를 함양한다. 느긋함(relaxation)이란 수련 도중 긴장(tension)을 피하는 것이다; 대신 우리는 편하게 자리를 잡는다(settle in). 우리는 여전히 기민할 필요가 있다. 그러므로 마인풀니스는 느긋함과 민감성이 균형을 이룬 상태를 말한다. 이를 수련하는 동안 우리는 **계산하는** 마음에서 **경청하는** 마음으로 옮겨 간다. 온종일 우리는 보통 뭔가를 계획하고 그것을 시행하고 마지막에 가서는 행한 것들을 평가한다; 대부분 이러한 활동은 계산하는 마음과 연루된다. 마인풀니스를 통해 우리는 듣는 마음으로 이동하여 그러한 계획, 시행, 평가의 과정에 관여하지 않게 된다. 가능한 한 최대로 우리는 그저 **존재하게** 된다(we just are).

세상살이의 혼잡함과 소란함이 우리로 하여금 온전히 참여하는 것을 어렵게 한다. 예를 들어, 우리는 산보를 통해 편안함을 가지려 노력할지도 모르겠다. 그러나 종종 산보를 나가면서 여러 고민거리들을 함께 가져간다. 그렇게 되면 얼굴에 닿는 공기를 느끼지 못하게 되고, 나무들을 바라보지도, 태양의 따사로움도 경험하지 못한다. 자연은 치유의 힘이 있지만 우리의 생각들이 이를 방해한다. 때때로 우리 마음을 사로잡고 있는 것들과 생각들이 장애물이 될 수 있다.

마음을 다하는 것이 얼마나 어려운지에 대한 다른 예는 여러 가지를 한 번에 하려 할 때다. 집에 있을 때 나는 텔레비전을 보며, 책을 읽으면서 아내와 대화를 계속하려고 할 때가 있다. 모든 것을 채워 넣으려는 시도는 우리의 의식을 조각나게 하고 온전히 함께하지 못하게 한다.

마인풀니스(mindfulness)의 또 다른 표현은 전심을 다함(wholeheartedness)이다. 우리는 무언가를 할 때 전적으로 그것에 몰두한다. 더 나은 참여를 위한 간단한 수련이 많이 있다.

한 번에 한 가지에 초점을 두면서 수련을 시작할 수 있다. 식사를 준비하고, 먹고, 설겆이를 하는 모든 경험을 마음을 다해 행할 수 있다. 샐러드를 만들기 위해 토마토를 자르고 있다고 예를 들어보자. 때때로 우리는 어떤 생각에 사로잡혀서 토마토가 아닌 우리 자신을 자를 수 있다. 조금씩 우리는 마음의 수다를 잠재우고 토마토만을 자르는 것 자체가 치유임을 발견한다. 또한 식사를 할 때 먹는 것, 씹는 것, 삼키는 것에 우리의 관심을 맞출 수 있다. 종종 식사를 하면서 신문을 읽거나 텔레비전을 시청하는데, 그 결과 우리는 맛을 느끼지 못하게 된다. 끝으로 설겆이를 한다면 그 일에 집중하라. 손과 접시 위로 떨어지는 물을 느껴라. 우리는 자주 한 가지 일을 끝마칠 때까지 기다릴 수 없어서 또 다른 일을 하게 된다. 예를 들면, 접시를 닦으며 내 마음은 곧이어 방송될 하키 경기를 향한다. 그 하키 경기를 시청하면서도 마음은 내일 직장에서 일어날 문제들로 배회하기 시작한다. 한 가지를 하면서 또 다른 것에 우리의 마음이 있다; 우리는 미래에 아니면 과거에 살고 있는 듯하다.

마인풀니스의 대가인 베트남 불교 수사인 틱 나 한(Thich Nhat Hanh, 1976)은 이에 대한 몇 권의 책을 저술하였다. 그는 마인풀니스를 위한 다양한 수련들을 제안하고 있는데 다음은 그 중 한 예이다:

느리게 하는 목욕(A Slow Motion Bath)

30~45분간의 목욕 시간을 가져 보시라. 단 일 초도 서두르지 마시라. 목욕물을 받을 때부터 깨끗한 옷으로 갈아입을 때까지 모든 동작들을 가볍게 천천히 하시라. 모든 움직임에 주목해 보시라. 차별이나 두려움을 갖지 말고 몸의 모든 부분에 관심을 가져 보시라. 여러분의 몸으로 흐르는 물줄기에 마음을 다하시라. 목욕이 끝날 무렵, 여러분의 마음은 분명 여러분의 몸처럼 평화롭고 가벼울 것이다. 여름 날 깨끗하고 향기로운 연꽃 연못에 잠겨 있는 여러분을 상상해 보시라(pp. 86-7).

마인풀니스를 증진하기 위해 학생들은 매우 간단한 활동으로 시작하라고 제안한다. 점진적으로 보다 복잡한 상황들에 주목할 수 있게 된다. 마인풀니스는 우리로 하여금 관조적 지각(contemplative awareness)을 갖고 일상을 살아가게 하는 훌륭한 방법이다. 데보라 쇼버라인(Deborah Schoeberlein, 2009)은 『Mindful Teaching and Teaching Mindfulness』에서 마인풀니스를 행한 교사들에게 다음과 같은 유익이 있었다고 서술하고 있다:

- 집중과 지각이 증진됨
- 학생들의 필요에 대한 반응이 향상됨
- 감정적 균형이 향상됨
- 스트레스 관리와 축소에 도움을 줌
- 일터와 가정에서의 건강한 관계 유지에 도움을 줌
- 교실 분위기 향상에 도움을 줌
- 전체적인 웰빙에 도움을 줌(p. 9)

이와 같은 유익을 나도 목격해 오고 있다. 마인풀니스와 관조(contemplation)는 성찰(reflection)과는 다르다. 마인풀니스와 관조는 교사들에게 무언가를 성찰해 보도록 요청하진 않는다. 다만 그 대상과 함께 있을 것을 요청한다. 가르치는 활동은 마인풀니스와 성찰 사이를 오가며 이루어질 수 있다. 성찰은 우리가 행해온 것들을 분석하기 위해 한 발짝 물러서도록 허락해 주는 반면 마인풀니스와 관조는 우리로 하여금 현재의 순간에 있도록 도와준다. 가르치는 일은 마인풀니스와 성찰 사이를 오가는 활동이라 할 수 있겠다. 두 가지 모두가 좋은 교수에 필수적이다.

명상 수련에 대한 연구

명상이 주는 생리학적, 심리학적 혜택에 관한 문헌이 매우 많다. 머피(Murphy, 1992, 1997)는 1,300명 이상의 학생들로부터 명상 수련이 주는 유익을 요약하고 있다. 심장박동 안정, 혈압 강하, 지각력 상승, 공감 증가, 근심 경감, 중독에서 탈출, 고통 완화, 기억과 학습 능력 증진 등이 이에 포함된다. 섭생과 운동의 향상과 같은 다른 변화들뿐만이 아니라 딘 오니쉬(Dean Ornish, 1998)는 명상이 심장병을 치유하는 중요한 요인이 되는 것을 발견하였다.

로저 왈쉬(Roger Walsh, 1999)도 명상 수련에 관한 연구들을 요약하였다. 그는 '아시아 치료법'(Asia therapies)이라는 명칭으로 명상 수련들을 범주화하였고 다음과 같이 결론지었다: "아시아 치료법은 넓은 범위의 심리적(psychological), 심신적(psychosomatic) 문제들을 개선할 수 있으며 … 심리적 성장과 안녕(well-being)을 강화해 준다고 실험적 증거들이 분명하게 보여주고 있다"(p. 104). 이러한 요법들은 명상과 심상화 같은 수련들을 포함한다.

보다 최근 연구들은 두뇌에 끼치는 명상의 영향을 보여준다. 티벳 불교 수도승들에 관한 오스트레일리아의 한 연구(Carter et al., 2005)는 명상이 이들의 관심의 집중과 이동(focusing and shifting attention) 기술을 촉진하였다는 것을 발견하였다. 이 연구를 평가한 스미스(Smith, 2009)는 "이것들(관심의 집중과 이동)은 언제 어떻게 행동해야 할지를 짐작하고, 행동의 영향을 지각하는 데 매우 귀중한 특성들이다"라고 결론 내린다(p. 98). 행동의 영향을 지각하는 것은 교실에서 가르칠 때 중요한 기술임에 틀림없다.

학교에서 실행한 명상에 대한 연구는 그리 많지 않다. 하지만 지나 레비트(Gina Levete, 1995)는 학생들에게 나타난 명상의 긍정적인 혜택을 지적하는 몇 개의 연구를 언급하고 있다. 한 연구에서는 중동 지역의 한 남학교 고등학생들을 두 그룹으로 나누었다. 실험 집단은 일 년 동안 매일 명상을 수행하였는데 명상을 하지 않은 통제 집단에 비해 학업 수행이 향상되었음을 연구는 말해준다(p. 2). 아프리카계 미국인 6학년 학생들을 대상으로 미시간 대학에서 실시한 최근의 연구도 흥미로운 결과를 보였다. 초월 명상법(transcendental meditation)을 수행한 학생들은 긍정적 정서(positive affectivity), 자존감(self-esteem), 감정적 능력(emotional competence)이 향상되었다고 보고하였다(Gavin, 2003).

교사들에게 명상을 소개하면서 하는 내 경험도 머피와 왈쉬의 연구 결과와 동일하다. 홀리스틱 교육과 연관된 나의 강의들을 수강한 교사들에게 우리는 질적 연구를 수행하였다(Miller and Nozawa, 2002). 아래에 묘사된 것처럼 이 연구는 내 과목 중 하나에서 명상을 해보았던 사람들에게 후속 활동으로 시행된 것이다. 이전에 학생이었던 21명이 참가하였다. 어떤 사람은 과목이 끝난 후 7년째 명상을 하고 있으며, 그들이 명상을 해온 기간은 평균적으로는 4년이었다. 그들은 명상이 개인적인 삶과 교사로서의 삶에 긍정적인 효과를 가져왔다고 느끼고 있었다.

명상 수행의 효과

한 명을 제외한 모든 참가자들은 개인적인 삶과 교사로서의 삶에 얻게 된 명상의 긍정적인 효과에 대해 언급하였다. 그들은 많이 차분해졌다고 말한다:

보다 중심이 잡히고, 보다 전적이고, 보다 차분하고, 보다 평화롭고, 보다 만족하고, 혹은 보다 실제적이 된 듯한 느낌이 있어요(남자 교사)(p. 185).

그렇게 동요하지 않으며 … 주변 일들이 나를 괴롭히지 않는다는 생각에서 잘 흥분하지 않아요. … 보다 차분해짐을 느끼고 … 보다 중심이 된다(centered)는 말이 계속 마음에 다가옵니다(여성 간호학 교수)(p. 186).

또 다른 교사는 "제가 마지막으로 언성을 높였던 것이 언제인지 기억도 나지 않아요"라고 간단히 말하였다. 그녀의 학생 중 한 명이 그녀에게 이렇게 말하였다고 덧붙였다. "선생님, 어떻게 그렇게 항상 차분할 수 있어요?"

다섯 명의 참가자들이 지적한 또 다른 큰 효과는 명상이 그들을 부드럽고 더 친절하게 만들어 주었다고 느낀다는 것이다. 걷기 명상을 하고 있는 한 여교사는 이렇게 언급한다:

이것은 나를 온순하게 만들어 줍니다. 무언가에 화가 나거나 흥분하면 저는 걷기를 합니다. 걷기를 끝내고 나면 더 이상 그런 기운이 나를 덮고 있지 않아요(p. 186).

다섯 명의 참가자들은 그들의 개인적인 관계성에 명상이 도움을 주고 있다고 느꼈다. 한 여성 행정가는 "이것은 모든 관계성에 영향을 줍니다. 관계들은 더 나아지고 더 깊어집니다"라고 언급하였다. 컨설턴트로 일하는 한 남성은 사람들이 도움을 구하러 그를 찾아온다고 말하였다: "많은 친구들이 제게 전화를 걸어 조언을 구합니다. 내가 그들의 상담사 같아요. 왜냐하면 명상과 자각의 전 영역에 들어가 사안들을 전체적인 시야로 바라보게 되거든요."

가장 흥미로운 발견 중 하나는 네 명의 교사들이 명상을 그들의 교수 활동에 통합시킨 것이었다. 나는 교사들에게 교실에서 명상을 사용하라고 제언하지 않아 왔다. 다만 교사들 자신들을 위해 명상 수련을 할 필요가 있음을 강조해 왔다. 그러나 학생 중 몇은 명상 수련을 교실로 도입하는 것에 어려움을 느끼지 않았다. 5, 6학년과 8학년의 드라마를 가르치는 한 교사는 이렇게 말한다:

> 잭(밀러 교수의 닉네임, 역주)의 강의를 수강한 이후 나는 아이들과 함께 특히 드라마 수업에서 명상을 해오고 있어요. 3년 동안 해오고 있는 셈이죠. 명상은 놀랍고, 아이들도 아주 좋아해요. 이제는 아이들이 제게 요구합니다. … "우리는 너무 들떠 있어요. 명상을 할 수 있을까요?" 혹은 "시험을 치르기 전에 명상을 할 수 있나요?"라고 이제 제게 묻습니다(p. 187).

이 교사는 학생들에게 집중하고 긴장을 이완하기 위한 방법으로 호흡에 초점을 두도록 요청한다. 또한 그들에게 해변가로 걸어가고 있다거나 구름 위에 누워 있는 것을 심상화해 보게 한다. 가르치는 일에 심상화를 융합시키기도 하는데 학생들이 소설을 읽고 있다면 이야기 중 일부를 상상해 보게 하고, 고대 문명 사회에 대해 배우고 있다면 학생들에게 눈을 감고 피라미드를 연상하고 얼굴에 와닿는 모래바람을 느껴 보게도 한다. 이 교사는 학생들이 쓴 시나 예술 표현은 명상의 효과를 보여 준다고 말한다: "저는 그런 시들을 본 적이 없어요. 더욱 다양한 색채의 어휘와 말들 그리고 언어들."

고등학교에서 일하는 또 다른 교사는 대략 1,500명의 학생들에게 명상을 소개하였다. 가톨릭 학교에서 일하는 그녀는 지난 7년 동안 학부

모들로부터 이에 대한 어떠한 불만도 듣지 않았다고 한다. 다음은 그녀가 어떻게 명상을 소개하는지 보여준다:

> 우선 교실을 아주 안전한 환경으로 만듭니다. … 사람들이 편안함을 느끼도록 … 그리고 이렇게 이야기합니다. "기도에는 여러 다른 방식이 있어요. 보통 우리 가톨릭 전통에서는 하나님이나 지고한 영(the Higher Spirit)에게 말해야 한다고 이해하지만, 때때로 우리는 앉아서 들을 필요가 있습니다. … 그리하여 명상은 여러분을 여러분 자신의 영과 연결하는 일종의 기도라 할 수 있습니다" … 그러고 나서 저는 학생들에게 저널을 쓰게도 합니다. 저널 성찰을 시키는데 이는 매우 강력합니다. 이제는 소문이 나서 사람들이 제 교실에 와서는 이렇게 말해요. "오늘 명상을 하실 겁니까?"(pp. 187-8)

가톨릭 학교에서 4학년부터 8학년 학생들을 가르치고 있는 또 다른 교사도 학생들에게 명상을 소개하였다. 위의 고등학교 교사처럼 이 교사도 명상을 기도와 연결하였다. 하루라도 명상을 거르면 학생들이 더욱 보챌 거라고 말하였다. 한 번은 자신의 반을 한동안 담당하였던 임시 교사가 교장 선생님에게 그 선생님의 반은 언제나 매우 차분하다고 말하였다고 한다:

> 그런데 저는 조용하고 차분한 교사 타입은 아닙니다. 오히려 매우 활동적인 교사로 모든 학생들이 여러 가지 다른 것들을 하게 합니다. … 하지만 명상 때문이라고 확신해요. 증명할 수는 없지만 우리를 함께 있게 해주는 것은 명상임에 틀림없어요. 명상은 연결을 시켜 줍니다—단지 지적인 것이 아니라 여러 가지 차원의 연결 말입니다. 영적 차원에서도 연결됩

니다. 교실에서 그렇게 연결되었을 때 '아주 차분한 교실이네' 라고 그 임시 교사는 느꼈을 겁니다(p. 188).

다음은 명상을 수행해온 한 전직 교장과 교사의 프로필이다.

샐리

샐리는 지금은 은퇴하였지만 연구에 참여하였을 당시 4년째 초등학교 교장으로 일하고 있었다. 그녀의 학교 전교생의 4분의 1은 특별한 도움이 필요한 학생들이었다. '교장이라는 직업은 성찰을 요구하는 것이라서 차분해야 한다, 교장이 성정을 잃으면, 다른 모든 사람들도 마치 성정을 잃는 허락을 받은 것처럼 행하게 된다'고 그녀는 느꼈다. 샐리는 스트레스를 받을 때 아주 간단한 호흡법으로 명상을 시작하곤 하였다:

> 명상의 상태로 들어서게 되면 작은 에너지를 느낍니다. 혹은 내 머리 속에서 발생하는 무언가를, 내 몸에서 발생하는 무언가를 느끼게 되는 거죠. 그러면 저는 거기에 존재합니다. 그리고 이러한 이동을 감지합니다.

샐리는 또한 한 주에 세 번씩 레이키(reiki)를 수련한다. 이는 접촉(touch)에 기초한 치유 요법으로 그녀에게는 명상의 한 형태이기도 하다. 통제하기 힘든 아동들을 다루기 위해 맨 처음 이것을 배우게 되었다.

그녀는 자신을 매우 열의가 강한(intense) 사람으로 묘사하고 있으며 명상이 그것을 완화하는 데 도움을 주었다고 한다. 그녀를 아는 다른 학교의 한 사람은 그녀는 더 밝고 더 차분해졌다고 묘사하였다. 그녀는 더욱 부드럽고 차분하게 자신의 역할을 감당하기 위해 노력하며, 공동체의 견지에서 사물들을 보기 위해 노력하고 있다. 홀리스틱 관점에서 교장으로서의 자신의 업무를 세우고자 하였다. 샐리는 '연결(connections), 균형(balance), 그리고 포함(inclusion)과 목소리(voice)와 같은 사안들 … 홀리스틱 교육 원칙들을 통해서 학교를 바라보고, 교사들과 아이들을 바라본다'고 말한다.

명상을 실천하고 있는 한 교사가 샐리와 학교에 큰 영향을 주었다. 이 교사는 저학년부 모임을 담당하면서 모임을 할 때마다 차를 대접한다. 이런 모임들에서 중요하게 강조되는 단 하나는 온전히 함께하라는 것이었다. 샐리는 말한다:

> 모임은 언제나 조용하게 시작됩니다, 특별한 안건도 없고 … 다만 거기에 함께 있습니다. 이것은 어떤 팀을 구성하는 것이 아니며 그저 같이 있는 것입니다. 명칭도 없고…. 사람들이 서로를 대하는 방식이 여기서는 중요하지요. 우리는 변화를 수용하고 변화를 포용합니다. 이에 저항하지 않습니다 — 우리는 모든 것들에 함께하고자(being present to everything) 합니다.

샐리는 지도자들에게 명상은 중요하다고 확신한다. 지도자들이 어려운 상황들을 헤쳐 나갈 수 있음을 구성원들이 아는 것이 얼마나 중요한지 그녀는 깨닫고 있다:

> 사람들이 침착해지는 데는 오랜 시간이 걸립니다. 지도자가 침착하지 않으면 그들 역시 침착해질 수 없을 거예요. … 차분해지면 보다 창의적으로 문제 해결을 할 수 있게 됩니다; 예를 들어 상자 밖을 생각해 보는 것(out-of-box thinking)과 같은 것이지요. 그리고 차분해지는 것은 우리를 보다 공평하게 만들어 줍니다. 직원들을 실제 개인들로, 실제 인간으로 보게 됩니다.

결정 사항을 부과하기보다는 직원의 동의를 구하기 위해 그녀는 노력한다. "우리는 이야기를 해보고 그들이 원하는 것을 찾습니다. … 즉석에서 결정을 내리지 않고 모든 사람들이 포함되도록 합니다."

개인적으로, 세 아이의 어머니이며, 아내이며, 대학원생이며 그리고 교장인 그녀에게 요구되는 고된 일들을 명상을 통해 잘 대응할 수 있었다고 그녀는 느낀다. 명상은 집안에서 그리고 개인적인 삶에서 그녀를 부드럽게 만들어 주었다:

> 토요일에 내게 남편은 이렇게 말하였습니다. "당신, 정말 불안해 보이는데 명상을 해야 할 것 같아" … 명상은 우리의 관계에도 균형을 제공해 주었어요. … 우리 안에서 문제 해결을 부드럽게 하는 법을 터득하였다고나 할까요.

디앤

디앤은 파나마 출신인데 거기서 11년간 교사로 일하였다. 캐나다에서 4년 동안 스페인어를 가르쳤으며 제2 언어 습득과 교수(the field of second-language acquisition and teaching) 분야에서 학위를 마무리하고 있다.

코스에 명상이 소개되기 전에 그녀는 여기 저기 뛰어다니는 매우 바쁜 여성이었다. 15분 이상 무엇에 주목해본 일이 없었노라고 그녀는 말하였다. "제 아이들이 아기였을 때 그들과 많은 시간을 함께하지 못하였음을 알고 울었지요. 저는 늘 돌아다녔는데, 그러다 보니 아이들과 함께하였던 기억이 정말로 없습니다"라고도 하였다.

그 수업을 들은 이후 그녀는 매일 25~30분씩 심상화와 호흡법을 이용한 명상을 해오고 있다. 이것이 '자신의 삶에 아주 큰 변화를 가져왔다'고 한다. 그녀는 이제 사람들과 자연과 자신 주변의 모든 것들에 마음을 다하고 그것들을 돌볼 필요가 있다고 느낀다. 살아있는 모든 것들과 그녀에게 생명을 주는 모든 것들을 지금은 존중한다고 말한다. 또한 머리카락 사이로 흐르는 공기와 같은 것들에게도 감사하는 것을 배웠다고 말한다.

> 제게 끼친 영향은 대단합니다. 제 아이들을 바라보던 어느 날을 기억합니다. 아이들이 잠자는 것을 쳐다보고 오랜 시간 동안 그들을 지켜보았지요. 눈, 코, 머리카락을 보았습니다. … 천사와 같아요. … 때로는 밖에 앉아서 물끄러미 하늘을 봅니다. … 모든것이 축복임을 기억합니다.

그녀는 어떻게 마인풀니스가 그녀에게 영향을 주고 있는지도 묘사한다:

> 들어본 적이 없는 소리를 듣습니다. 동물들의 소리를 듣고, 제가 결코 주목하지 않았던 거기에 있는 모든 것들을 듣고 있습니다. 만지고 느낍니다. … 내가 살아있음을 알게 되고 이것이 내게 정말로 무엇을 의미하는지 표현할 만한 말이 없음도 압니다.

디앤은 교사로서의 직업에 관련된 삶의 변화에 대해서도 말한다:

> 교실에서 … 단지 수업을 하기 위해 거기에 있는 것이 아니라 사랑을 베풀고 돌보기 위해 제가 거기에 있는 것이죠. 아이들은 저를 교사 이상으로 보고 있다는 것을 알고 있어요. 아이들은 그들을 믿어주는 엄마와 친구와 같은 누군가를 가지게 됩니다.

그녀가 어떻게 다른 사람들의 이야기를 듣는가도 달라졌다:

> 저는 다른 사람들의 이야기를 듣지도 않고 쉬지 않고 말하는 사람이었습니다. … 듣는 것을 배웠습니다. 그래서 제 학생들의 이야기를 듣고 있습니다. 이제는 누구에게 할아버지가 있는지 누구에게 없는지 압니다. … 학생들 옆에 그저 앉아있는 것이 제게는 이제 너무 소중합니다. … 그들을 기분 좋게 해주고 느긋하게 만드는 것이라면 무엇이든지 그들은 원하는 것을 말합니다.

디앤은 그렇게 정신없는 사람에서 평화로운 사람으로 변화하는 과정의 초기에는 힘겨웠노라고 말한다. 하지만 명상의 유익을 확신하고 있었기에 수련을 지속하였다. 이러한 변화에 대해 전혀 후회하지 않으며 변하지 않았더라면 병이 들었을 거라고 그녀는 생각하고 있다.

다른 수련들

전체성(wholeness)으로 가는 많은 길들이 있다. 지금까지 제시한 것들은 지난 20년 동안 내가 교사들과 함께 사용해온 명상 수련들이다. 내가 많은 경험을 해왔고 내게 전문성이 있는 분야이기도 하다. 요가(Yoga), 타이치(Tai Chi), 기공(qigong)과 같은 신체 활동도 도움이 될 수 있다. 내 과목 '교육에서의 영성'(Spirituality in Education)에서 나는 여러 가지 요가들에 기반을 둔 많은 수련들을 소개한다. 이러한 요가에는 탐구와 조사에 초점을 둔 **갸냐 요가**(Jnana yoga), 사랑과 헌신을 중심으로 한 **박티 요가**(Bhakti yoga), **카르마 요가**(Karma yoga) 혹은 일상의 요가, 명상이나 신체적 움직임(예를 들면 타이치)과 같은 특별한 운동들을 포함하고 있는 **라자 요가**(Raja yoga)가 있다. 다음은 학생들에게 나누어 주었던 유인물인데 코스를 듣는 동안 한두 가지의 수련을 선택하여 실행하게 한다.

갸냐 요가

이 요가는 우리 자신들과 경험의 본질에 대한 탐구와 관련된다. 갸냐 요가를 행한 유명한 사람들에는 부처(Buddha), 소크라테스(Socrates), 아인슈타인(Einstein), 크리쉬나무르티(Krishnamurti)가 있다. 수련은 다음의 것들을 포함한다:

- 성스러운 문서나 영적 문헌들을 읽고 논의하는 것. 예를 들면 성서, 도덕경, 코란을 연구하고 탐구하는 것. 이러한 문서들을 문자적으로 읽는 것이 아니라 다양한 의미들을 탐구하고 그 의미들을 어떻게 자신의 삶에 적용하는가를 탐구하게 된다.
- 명상 저널—매일의 삶에서 발생하는 명상적 사건들을 발견하고 기록하는 것

박티 요가

- 감사 저널
- 키띵(Kything)—영적인 참여 예술(the art of spiritual presence). 타인의 존재가 함께 있다고 심상화하는것
- 성지 순례(pilgrimage)

- 관대함 수련
- 자애 수련

카르마 요가

- 누군가를 돌보는 것(예를 들면 간병)
- 결과에 얽매이지 않고 일하는 것
- 경청을 한다거나 즉각적으로 반응하지 않는다거나 용서하는 등의 의식적인 연결
- 일상에서의 마인풀니스

라자 요가

- 하타 요가(Hatha yoga), 타이치, 기공
- 명상(호흡, 만트라, 심상화, 걷기)
- 침묵

한 학기 동안 몇몇 학생들은 도덕경을 읽었다. 매일 그것을 한 장씩 읽고 하루 동안 그 의미를 되새겼다. 많은 학생들에게는 생소한 경험이었는데 그들은 일상에 도움이 되었다고 전하였다. 감사 저널 또한 학생들에게 인기 있는 활동이다. 하루를 마칠 즈음 학생들은 하루의 생활을 반성하고 감사할 만한 것들을 찾는다. 이것은 가장 자주 선택되는 수련 중 하나다.

몇몇 학생들은 그들에게 의미 있는 장소를 짧게 순례하고 그 과정을 저널로 남긴다. 흔히 자연에 있는 장소를 찾곤 한다. 또 다른 학생들은 가족 중 어려움을 가지고 있는 한 사람을 선택한다. 그 사람과 대화를 하면서 반응하는 것을 삼가고 경청하는 것에 초점을 둘 수 있다. 이때

금 어떤 학생은 수련하면서 하루를 침묵으로 보내는 것을 선택할 것이다. 침묵은 영적 수련의 전통적인 방법이 되어 오고 있다.

중요한 것은 우리의 삶에 균형을 가져올 만한 활동이나 수련을 찾는 것이다. 나는 학생들에게 매일 규칙적으로 사용할 수 있는 수련을 선택하도록 제안한다. 정원 가꾸기나 뜨게질도 경청하는 마음을 배양하는 데 도움이 된다. 이상적인 것은 '내가 해야만 하는 것'으로 이것을 행해서는 안 되며, 궁극적으로 우리의 삶에 깊은 즐거움을 가져오는 것으로서 하는 것이다. 나는 이러한 수련을 하는 것에 대한 진정한 잣대는 그것이 우리의 애긍심과 기쁨을 깊게 하고 있는지 아닌지를 보는 것이라고 말하고 싶다. 나는 많은 교사들의 삶에서 이런 일이 일어나고 있음을 발견한다.

어느 교사가 행한 명상과 마인풀니스가 그녀의 가르치는 일들에 끼친 영향을 덧붙이며 이 장을 마치려 한다:

> 교수로부터의 피드백과 학급 동료들과의 대화를 통해 이제 나는 '옳게 하기'(do it right)를 애쓰기보다는 '그저 거기에 있기'(just be)로 결심하였다. 여기서 나는 교실에서의 연결을 감지한다. 교사 된 우리는 옳게 일을 행하는 것, 규정된 교육과정을 모두 다루는 것, 모임들에 참가하는 일들에 사로잡혀서 존재(being)하는 단순한 행동을 놓쳐 분절을 지속하고 있다; 그 다음은 무슨 일을 해야 하는지, 무엇을 성취하기로 되어 있는지에 우리의 마음을 빼앗겨 온전히 참여하지 못한다. 우리는 존재자(be-ers)가 아닌 행위자(do-ers)로서만 가르치는 일을 하고 있다.
>
> 마음을 다하여 학생들과 동료들과 함께하는 과정에 대해 더 많은 이해를 하게 되면서 나의 가르치는 일에도 어떤 변화들이 분명히 있다는 것을 발견하였다. 다음과 같은 마인풀니스의 전략들은 결연하고 의식적인 노력을 통해서가 아니라, 내 속에서 일어나는 변화들을 돕는 것들로 필수적이고 중요하

기 때문에 발전하게 된 듯 하다:

- 각 아동이 교실로 향할 때 그리고 교실을 나설 때 인사를 나눈다—교실 문 앞에 서서 미소로 그들을 만나고 과도하지 않게 신체 접촉을 한다.
- 코비의 효과적인 지도자의 원칙들(Covey's Principles of Effective Leadership)을 실천한다. 특히 '먼저 이해하려는 노력을 기울이고 그 다음 이해받기 위해 노력하라'(이것은 내 훈련 철학의 핵심이 되었다).
- 아이들이 말할 때 각 아이를 바라보고(말처럼 쉽지 않다), 듣는 것 외에는 아무것도 하지 않는다(모든 것들은 아이들이 입실하기 전 준비가 되어 있어서 아이들이 머무르는 동안에는 다른 준비가 필요 없도록 두 번 세 번 확인해야 한다).
- 발생한 어떠한 갈등이나 어려운 문제들을 토의하기 위해 카펫에 원형으로 앉아 모임을 갖는다.
- 아이들이 읽고 쓰고 예술 활동을 할 때에는 조용한 음악을 틀어준다.
- 학교 밖에서의 생활에 시간을 투자한다: 배구 시합에 참여하거나 교회의 청소년 그룹을 방문하기.
- 내가 아이들에게 그들의 삶을 공유하라 하였던 것처럼, 나의 삶을 아이들과 공유한다: 내 친구와 가족, 나의 두려움과 열정, 나에 관한 이야기들.
- 내가 옳지 않았을 때 미안하다고 말한다.

… 간단히 말해 아이들을 아는 것, 그들로 하여금 자신들에 대하여 알고 싶어지도록 하는 질문들을 하는 것, 그리고 나 자신을 더 잘 알게 되어서 우리는 계층이나 인종, 역할의 차별 없이 호흡과 육체와 인간다움의 그물망 속에 함께하는 존재로 아이들을 바라보는 것.

… 다른 교사들과 함께 일하면서 나는 다문화 단원을 유기적으로 창조해 가는 효과적인 과정을 경험하였다. 학생들의 관심에 따라 우리의 탐구들은 규정된 교육과정의 테두리에 머무르지 않고 며칠, 몇 주에 걸쳐 전통적인 과목들의 경계선을 가로질러 확장되어 갔다. 피부색과 같은 물감 색깔을 만들

어 보고 우리의 삶과 문화에 대한 이야기들을 나누었다. 나는 전에 알고 있던 것보다 훨씬 더 많이 우리 반 학생들을 알게 되었다고 느끼게 되었다. 마음을 다하여 함께하는(mindful presence) 전략들과 함께 학생들의 자아를 가치롭게 여기는 것은 단순히 교실을 하나로 묶는 '멋진 생각'일 뿐만 아니라, 교수 관계에서 내가 염원하던 바로 그 본질이며 뿌리가 된다는 것을 알게 되었다. 나는 마음을 다하여 함께하는 교수 방식과 '아이들을 바쁘게 하며 즐거운 시간을 보내라'는 보통의 내 여흥(entertainment) 유형의 교수 사이의 대조가 점점 커져 가는 것을 본다. 공부 이외의 영역에서 내가 학생들에 대해 알고 있는 것이 얼마나 적었는지 이제 깨닫는다. 농구 코치를 하고, 팔짱을 끼고 야외 활동 지도를 하면서 나는 학생들을 안다는 것이 이런 거지 하면서 스스로 만족하곤 하였었다. 이는 어느 정도는 맞는 말이다.

그러나, 누군가를 안다는 것, 학생과 동료를 안다는 것에 대한 나의 생각은 참되고 효과적으로 학습과 성장을 촉진하는 조금은 새로운 개념으로 확대되고 있다. 직관적인 원천으로부터 가르치는 것은 스스로의 엄청난 힘으로 넘실거리는 장대한 가능성의 바다에 나 자신을 던지는 것이다. 이는 내 지휘와 내 계획, 내 일정의 영역 밖에서 발생한다. 그것은 나의 통제와 전문성에 대한 환상을 버리는 것이요, 대신 내 자아(ego)의 불충분한 감정들 속에 머물도록 학생들을 제한하는 것은 진정한 교육적 성장의 거대함과 중요성을 놓치는 일임을 인식하는 것이다. 여기서 초기 교사시절이 생각난다. 사회과 책에 나오는 중국에 대한 소단원을 다루면서 나는 많은 내용을 미친듯 들이부었다. 내가 전달해야 할 영광스러운 지식의 영역을 병적으로 계획하였다. 내 교실의 3분의 2가 넘는 아이들이 중국에서 태어났다는 사실을 까마득하게 망각하고 말이다. 나는 나를 누구라고 생각하는가? 자기 자아(ego)로부터 가르치는 것은 궁극적으로 불명예스러운 단기 집중 훈련(crash-course)이 되고 만다. 나 자신은 겸허한 성장의 길 위에서 내 형제들이요 자매들인 학생들과 함께 배우고 갈등하는 작은 자에 불과하다는 진실을 인정할 때에만 참되게 가르치는 일에 가장 가깝게 다가서게 된다.

… 그러므로 중대하고 참된 것은 학생들과 함께하는 '삶을 통한 교수' 경험이었기에 나는 이전에 행하였던 몇몇 교수 방식들의 타당성에 문제를 제기하

기 시작하였다. 학생들과 나 자신을 무엇인가가 되기 위해 지속적으로 성장하고 변화하는 하나의 유기체로 바라보기 시작한다. 이제 막 이 여행을 시작하고 있다; 홀리스틱 교수와 삶의 범위와 넓이에 대해 나는 새로우며 내가 알지 못하는 것이 아주 많다. 다만 내가 알고 있는 것은 난로 옆에 앉아 '침묵하고, 듣고, 듣는 것을 이해하고자' 하는 이것이 내 열정이 되어 가고 있다는 것 그리고 어쩌면 가르치고 살아가는 데 평생의 과업이 되어 가고 있다는 것이다.

참|고|문|헌

Carter, O.L., Presit, D.E., Callistemon, C., Ungerer, Y., Liu, G.B., & Pettigrew, J.D.(2005). Meditation alters perceptual rivalry in Tibetan Buddhist monks. *Current Biology, 15*, 11.

Chadwick, D.(1998). *Crooked cucumber: The life and zen teaching of Shunryu Suzuki*. New York: Broadway Books.

Comer, J.P. (1988). Is parenting essential to good teaching? *NEA Today, 6*: 34-80.

Gavin, K.(2003, 6 June). U-M Health System statement: Transcendental meditation study. http://www.med.umich.edu/opm/newspage/2003/meditationstatement.htm.

Hanh, T.N.(1976). *The miracle of mindfulness! A manual of meditation*. Boston: Beacon Press.

Howe, R.(2003). *The quotable teacher*. Guilford, CT: Lyons Press.

Jones, H.W.(Ed.)(1966). *Emerson on education: Selections*. New York: Teachers College Press.

Levete, G.(1995). *Presenting the case for meditation in primary and secondary schools*. London: The Intralink Trust.

Miller, J.(1994). *The contemplative practitioner: Meditation in education and the professions*. Wesport, CT: Bergen and Garvey.

Miller, J.(2006). *Education for wisdom and compassion: Creating conditions for timeless learning*. Thousand Oaks, CA: Corwin.

Miller, J. & Nozawa, A.(2002). Meditating teachers: A qualitative study. *Journal of Inservice Education, 28*, 179-92.

Murphy, M.(1992). *The future of the body: Explorations into the further evolution of human nature*. New York: Jeremy Tarcher.

Murphy, M. & Donovan, S.(1997). *The physical and psychological effects of meditation*. Sausalito, CA: Institute of Noetic Sciences.

Noddings, N.(1992). *The challenge to care in schools: An alternative approach to education*. New York: Teachers College Press.

Ornish, D.(1998). *Love and survival: The scientific basis for the healing power of intimacy*. New York: HarperCollins.

Schoeberlein, D.(2009). *Mindful teaching and teaching mindfulness: A guide for anyone who teaches anything*. Boston: Wisdom.

Smith, S.E.(2009). *To be wise and kind: A Buddhist community engagement with Victorian state primary schools*. Unpublished doctoral thesis. Victoria University, Australia.

Walsh, R.(1999). *Essentail spirituality*. New York: John Wiley.

제7장

홀 차일드 학교[1]

2007년 6월 토론토 교육청(Toronto District School Board)에 홀 차일드 학교(The Whole Child School)라는 대안 학교의 인가를 추진하는 교사들과 학부모들이 내게 연락을 해왔다. 그들은 홀리스틱 교육 접근을 가지고 새로이 초등학교를 시작하고자 하는 계획안을 만들고 있었다. 그들의 계획을 후원하고 조언하는 자문 위원회를 꾸리는 일을 도와달라 요청을 해온 것이다. 이 학교는 2009년 가을에 유치원부터 5학년까지 150명의 학생들로 시작되었고 8학년까지 확장할 계획을 가지고 있다. 이 홀 차일드 학교는 이 책에서 기술하고 있는 전인 아동 교육의 많

1. 홀 차일드 학교 공동체는 학교 이름을 바꾸려고 한다. 그 이유는 더 높은 학년으로 학교의 규모가 확장되고 청소년들을 위한 학급들이 생기게 되면, 차일드(child)라는 말이 들어가는 학교 명칭에 불편해하는 이들이 나오게 될지 모르기 때문이다. 이 책이 출판되던 중에 고려되었던 이름에는 애쉬데일 홀리스틱 학교(Ashdale Holistic School), 포 파인스 홀리스틱 학교(Four Pines Holistic School), 그리고 테라 홀리스틱 학교(Terra Holistic School)가 포함되었다. (2013년 '에퀴녹스 홀리스틱 대안학교/Equinox Holistic Alternative Public School'로 명칭이 변경되었다. 역주)

은 요소들을 포함한다. 예를 들어 그들은 통전적 교육과정을 프로그램 계획의 기반으로 삼는다. 교육청에 입안한 그들의 계획서는 통전적 교수(전수, 상호 작용, 변화)의 요소들을 강조한다. 이번 장에서 나는 이 학교의 발전과 기틀을 살펴볼 것이다. 여기에서 언급하고 있는 대부분의 자료들은 이 학교의 웹사이트(www.wholechildschool.ca)에 게재되어 있으며, 더 많은 정보를 원하는 독자들은 이 사이트를 방문해볼 것을 권한다.

홀 차일드 학교의 설립 이유

홀 차일드 학교의 설립안(2007)은 장학과 교육과정 개발 협회(Association for Supervision and Curriculum Development, ASCD)의 전인 아동 교육에 대한 강조를 참조하고 있다. ASCD의 전인 아동에 대한 임무가 이 학교의 설립 이유로 인용되었다:

> 오랫동안 교육자들과 대중들은 교육은 읽고 쓰고 셈하는 학업을 포함해야 하지만 또한 이것들을 넘어가야 한다는 의견에 일치를 보고 있다. 그러나 전인 아동을 양성하려는 교육 시스템과 공동체들을 위해 우리는 말보다는 행동을 해야 한다; 살짝 다른 방식이 아닌 근본적으로 다르게 행동해야 한다; 우리 아이들이 정당하게 누려야 할 더 밝은 미래를 확보하려는 학교로서, 공동체로서, 국가로서 행동해야 한다.
>
> 우리가 요구하는 것은 간단한 변화지만 그것은 급진적인 함의들을 갖게 될 것이다: 아이들을 의사 결정의 중심에 놓는 것, 그리고 개별 아이들의 성공을 확실히 돕기 위해 시간, 공간, 인력 자원을 할당하는 것. 우리

는 학교들과 공동체들이 아이들의 학습을 바라보는 데에 있어 전환할 것을 요구한다. 교육 자원 배분에 대한 지속적인 싸움을 그만두고, 대신 그 자원을 전인 아동을 조력하는 일에 맞추어 조정하자(p. 7).

설립안에 진술된 홀 차일드 학교의 목적은 다음의 내용들을 포함한다:

1. 전인 아동을 자양하고 고무하며 교육하는 것
2. 유치원부터 8학년까지(졸업은 설립 첫해 6학년을 시작으로, 7학년은 이듬해에, 8학년은 셋째 해에 하게 됨) 통전적 교육에 근거한 공교육 대안 학교를 토론토-댄포스 지역구(Thoronto-Danforth, Ward 15)에 2008년 9월 설립하는 것
3. 캐나다 내 홀리스틱 교육을 하는 공교육 학교로서 이정표를 세우는 것. 홀리스틱 공교육을 선도하는 기준점이 되는 초등학교의 원형을 만드는 것
4. 장학과 교육과정 개발 협회(ASCD)의 우선적 중점인 전인 아동 자양에 직접적으로 반응하는 동시에 TDSB 산하 학부모들과 학생들 사이에 강하게 일고 있는바, 통전적 교육에 입각한 공교육 학교를 원하는 공동체적 요구를 충족하는 것

나는 위의 세 번째 목적, 즉 이 학교 자체는 물론이고 공교육에 변화를 가져올 기폭제의 역할을 할 수 있는 그 잠재성을 강조하는 것에 주목하고 싶다. 이러한 목적들을 달성하기 위해 설립안은 비전, 관리 체계, 교육과정, 공동체 네 가지 주요 영역에 초점을 둔다.

비전

학교의 비전을 세우기 위해 설립안은 내가 쓴 책『홀리스틱 교육과정』(2007)에서 한 문단을 인용하고 있다:

> 우리는 아이들에게 관심이 있다. 우리는 그들의 학업에 관심이 있다. 우리는 그들이 지식의 조화를 볼 수 있게 되기를 원한다. 학과목들이 어떻게 다른 과목들과 그리고 학생들 자신과 연관되는지 보게 되기를 원한다. 예술 혹은 보다 일반적으로 말하자면 예술적인 감각이 학과들과의 연결을 촉진할 수 있다는 것을 발견한다.
>
> 우리는 아이들이 어떻게 사고하는지에 관심이 있으며, 특히 창의적인 사고의 진작을 위해 노력한다. 우리는 학생들이 문제를 해결할 능력이 있기를 원하며 이 과정에서 분석적이며 직관적인 사고를 조화시켜 사용할 수 있기를 바란다.
>
> 우리는 학생들의 신체적 발달에 관심을 갖는다. 교육과정의 일부가 건강한 몸을 증진하는 활동에 기여하여 학생들이 자신들에 대해서 편안함을 느끼게 되기를 원한다.
>
> 우리는 학생들이 어떻게 타인과 일반 공동체와 연결하는지에 관심을 갖는다. 우리는 의사소통 기술을 강조하며 학생들이 성장함에 따라 이러한 기술을 다양한 공동체 상황에서 사용해 보도록 격려한다. 우리는 지역 공동체가 학교에 참여하기를 원하며 특히 학생들의 미학적 감각을 고무해줄 만한 예술가들이 학교를 방문하도록 장려한다.
>
> 무엇보다도 우리의 관심은 학생들의 존재(being)에 있다. 세상을 향한 학생들의 최종적인 공헌은 그들 존재의 가장 깊은 부분에서 오는 것이지 우리가 가르치는 기술에서 오는 것이 아님을 깨닫는다. 교사인 우리 자신들, 부모, 공동체가 보다 의식적이며 돌보는 주체가 되도록 일함으로써

학생들의 영적 성장을 배양하도록 노력한다. 우리 자신에게 먼저 무엇인가를 행함으로써 우리는 학생들이 자기 자신들과 지구상의 다른 존재들과의 깊은 연관성을 고취하기를 희망한다(p. 12).

관리 체제

홀 차일드 학교는 온타리오 주 교육부와 토론토 교육청에 구조적 기반을 둔다. 이 구조 내에서 홀 차일드 학교 조직위원회(Organizing Committee)가 초기 발전을 안내하기 위해 개교 이전에 설립되었다. 이 과정에서 학교 조직위원회가 구성되어 학교가 출범되기 전까지의 초기 작업을 이끌었다. 이 과정에서 또한 중요하였던 것은 자문위원회(Advisory Board)를 구성하여 학교를 설립하는 과정에 필요한 도움과 지도력을 제공한 것이다. 특정의 목표들 중 하나는 '통전적 교수에 관련된 사상 지도력(thought leadership)과 실제적인 가이드를 제공하고, 적절한 교수 접근들과 교사 개개인이 어떻게 자신의 리듬과 성향과 교과에 따라 이 접근들을 적용할 수 있을지에 대한 조언을 주는 것이다'(p. 16; 서체 변환은 저자가 첨가함). 또한 자문위원회는 '통전적 교육과정에 관한 사상 지도력과 가이드를 제공해 주었다'(Whole Child School, 2007, p. 16).

위에서 언급하였듯이 나는 자문위에 들어와 일할 사람들을 찾는 일을 도와달라는 요청을 받았고, 이렇게 12명으로 된 초기 자문단이 구성되었다. 왈도르프 교육, 몬테소리 교육, 광역 토론토 지역에서 운영되는 홀리스틱 사립 학교들에서 일하는 분들, 토론토 교육청 소속 교사들, OISE/토론토 대학, 라이어슨 대학(Ryerson University), 요크 대학(York University)의 학자들로 구성되었다. 이 위원회는 2007년 9월부터 2009년 6월까지 한 달에 한 번 회합을 가졌고, 원래의 설립안에 기재된 내용에 준하여 일하였다. 2009년 가을, 학교의 개교에 맞춰 자문위원회는 '독립 학습 팀'(independent learning team)으로 대체되었는데, 이 조직은 교사들이 일을 시작함에 따라 그들을 지원하고, 학교의 목적 달성 여부를 측정하는 기틀을 마련하는 일에 중점을 두고 일하였다. 이 팀의 몇 가지 특별한 활동들은 다음과 같다:

- 홀 차일드 학교(WCS) 교사들로 하여금 '홀리스틱 교육은 무엇을 의미하는가?'(학습자로서의 교사들)라는 물음에 대해 나름대로 지속적으로 탐구할 수 있도록 돕는 것
- WCS 교사들에게 계속적인 포럼을 제공하여 홀리스틱 교육자들로서의 그들의 학습 과정을 공유하고 교실에서 출현하는 요구 사항들에 가장 알맞게 대처하는 조언과 자문을 받을 기회를 만들어 주는 것
- 초기 통전적 프로그램의 장단점을 확인하고 프로그램을 향상시킬 방도를 확인하게 하는 것—특히 연구와 증거들에 기반한 실례들의 지지를 받는 향상
- 연구와 증거에 기초한 실례들에 실무적으로 전념하고(operational commitment) 이들을 통전적 프로그램으로 이전시키는 것(Davies, 2009)

이 팀은 또한 통전적 프로그램을 평가할 수 있는 일련의 기준들을 개발하기 위해 교사들과 함께 일하게 된다. 이러한 과정의 목적은 학교의 초기 비전을 유지하며 더 넓은 공교육 체계 속으로 이 프로그램을 이전해 가는 것을 준비하는 것이다.

교육과정

원래 조직위원회와 교육과정위원회는 왈도르프 교육을 홀 차일드 학교의 기본 틀로 보았다. 그러나 위원회에서는 다른 홀리스틱 교육학들도 포함되어야 한다는 것을 감지하였다. 설립안(2007)에는 이렇게 진술되어 있다:

> 이 시점에서 우리는 잭 밀러의 책 『홀리스틱 교육과정』을 사용하는 것에 대해 그와 논의하기를 시작하였고, 홀 차일드 학교를 지지하며 공식적인 관계를 구축하였다. 『홀리스틱 교육과정』은 교육과정의 훌륭한 틀을 제공한다. 다양한 접근들에서 시행되는 최고의 실제들을 조합하고 있는 이 책은 홀 차일드 학교에 특화된 홀리스틱 교육과정을 개발함에 있어 이상적인 견본이다(p. 21).

전인 아동 교육과정의 최신판은 학교 웹사이트의 홀리스틱 커리큘럼 링크에서 찾아볼 수 있다. 여기에는 여섯 가지 연결—공동체, 지구, 내적 연결, 몸과 마음, 교과, 직관과 탐구—들과 그것들이 어떻게 저학년과 고학년에서 발전될 수 있는지 기술되어 있다. 내적 연결(Inner Connections)이란 용어로 영의 연결(Soul Connections)을 대체하고 있다. 학교 계획안이 홀 차일드 학교의 필요에 맞게 어떻게 전인 교수와 전인 교육과정을 번안하였는지는 부록을 참고하라.

다음은 학교 웹사이트가 묘사하고 있는 통전적 교육과정 내용이다:

> **공동체 연결**
>
> 한 공동체를 세우는 것은 교실에서 시작하며 지역과 글로벌 공동체로 확장된다. 공동체 만들기 프로그램을 통해 학생들은 난해한 사회적 문제들

에 대한 해결책을 창출할 수 있는 기술들을 습득하게 된다. 우리의 희망은 우리 학교를 졸업하는 학생들이 보다 진취적으로 사회적 행동에 참여하고 더 공평하고 정의로운 세상을 만들어 가는 일을 하는 것이다.

교실은 아동이 첫 번째로 공동체를 경험하는 곳이다. WCS의 교사들은 응집력 있는 교실 공동체를 형성하기 위해 헌신한다. 교실 공동체 형성을 위해 우리는 학교 차원의 공동체 만들기 프로그램(a school-wide community-building program)을 채용하였는데, 이를 통해 공동의 언어뿐만이 아니라 교실에서 행하는 일상적인 것들과 의식들을 소개한다. 이 프로그램은 매주 교실 모임, 갈등 해결을 위한 언어, 협력적/협동적 학습 활동, 그리고 서로 존중하는 관계 형성에 대한 교실 토의와 같은 내용들로 구성된다.

학생들은 사회학 프로그램(Social Studies program)을 통해 **사회 정의**에 대해 배우게 된다. 우리의 목적은 아이들에게 다양한 관점들을 소개해 주고, 지역과 글로벌 공동체들로 확장되는 사회적 사안들에 대한 공감을 교실에서 함양하도록 하는 것이다. 이것은 주로 문학을 통해 가르치며 교사들은 역할놀이나 탐구와 같은 학습 활동을 제공하여 이야기들을 아동들의 삶과 경험에 연결시킨다.

고학년에서는 사회 정의에 대한 학습이 **사회적 행동**으로 전환된다. 5학년에서는 교사들이 학생들에게 동료 조정(peer mediation)과 리더십을 훈련한다. 5학년 학생들은 학교 관리 체계를 정부에 대한 단원의 일부로서 배우게 된다. 그들은 학교 공동체에서 리더십 역할을 하게 된다. 연중 그들은 저학년 학생들과 함께하면서 협력적이며 유대감 있는 공동체를 만들어 간다. 6학년에서 8학년까지 학생들은 프로젝트 중심의 학습 활동들을 통해 **지역 공동체**와 **글로벌 공동체**에서의 **사회적 행동**과 **사회 정의**에 대해 배우게 된다.

성소(sanctuary)와 같은 장소로서의 학교 공동체라는 깊은 의식이 학교 전체에 형성될 것이다. 성소에서 학생들과 교사들은 존중과 돌봄, 경외심이 넘치는 환경에서 자라고 있음을 느끼며, 이러한 학교에 나와 있는 것을 고대하게 된다.

지구 연결

학생들은 지구와 연결지으면서 생명에 대한 자연스러운 과정 속으로 일깨워진다. 교육과정은 학생들에게 환경 문제들의 해결뿐만 아니라 더욱 중요하게 어떻게 우리가 지구의 자연스러운 과정들에 근본적으로 포함되어 있는지를 가르친다. 학교의 환경 프로그램은 공동체 만들기 프로그램과 유사한 형태로 진행된다. 저학넌 학생들은 지구에 대한 강한 연결과 관계성을 발전시키고 고학년으로 갈수록 어떻게 행동을 취할지를 배우게 된다. 다시 말해 우리의 목적은 학생들이 어떻게 진취적으로 행동하며 환경을 유지하고 보호하는 선택을 할 것인가를 가르치는 것이다.

저학년의 초점은 **정원 가꾸기**와 **농장 프로그램**들을 통해 **지구와의 강한 연대**를 발전시키는 데 있다. 학교 안에도 화단이 있고 학생들은 또한 한 지역 공동체 정원도 가꾼다. 학교는 한 지역 유기 농장과 결연을 맺어 학생들이 연중 방문하고 있다.

저학년 학생들은 레슬리 스핏(Leslie Spit)이나 험버 강(Humber River)과 같은 자연보호 지역을 걸으며 배우는 **자연산보**(guided nature walks)를 나간다. 학생들은 하이킹을 하면서 토종 식물에 대한 이야기를 듣고 그 이름들을 배운다. 아이들은 레슬리 스핏에서 새들의 이동과 험버 강 지역에서 연어들의 이동을 보면서 야생 동식물의 생애 주기를 관찰한다.

저학년 대부분의 **과학 교육과정**은 교실 밖에서 이뤄진다. 예를 들면, 1학년 과학의 '생물들이 필요로 하는 것들과 그 특성'에 관한 단원을 실외에서 진행하는 것은 쉬운 일이다. 흙에 대하여 배우는 3학년들은 정원과 농장에서의 경험들을 활용한다. 또한 몇몇 **수학 교육과정**도 실외에서 이루어진다. 예를 들면 학생들은 씨앗을 심으며 셈을 하고 씨앗의 간격을 맞추며 측정에 대해 배운다.

3학년에서 6학년 학생들은 **지구와 우리의 관계**, 그리고 우리가 살면서 사용하는 자연 자원들에 대해 배울 것이다. 직물에 대한 단원이 시작되는 3학년에서, 학생들은 캐나다의 초기 개척자들에 대해 배우고 어떻게 모직물을 만드는지를 배우게 된다. 5학년에서도 직물 단원은 지속되고 학생들은 고대 문명을 학습한다. 어떻게 직물을 만드는지 공부하는 동시에 어떻게 아마와 다른 자연 재료들을 이용해 천을 만드는지도 경험한다. 이 단원의 마지막 부분은 **계속 사용할 수 있는 직물**에 초점을 두게 된다.

7학년 학생들은 **환경 행동 프로젝트**를 하나 선택해 한 해 동안 실천하게 된다. 학생들은 그 해 자신들이 선택해 해온 환경 행동은 무엇인지, 그것들이 어떻게 기여해 왔는지, 미래에는 무엇을 하고 싶은지를 기록으로 남긴다. 목적은 학생들로 하여금 작더라도 환경을 개선하기 위해 자신들이 할 수 있는 행동을 발견하도록 하는 것이다. 환경 친화적인 운송 방법들에 관심을 갖고 이러한 방법들을 보다 더 친환경적으로 개선하기 위해 학생들이 할 수 있는 행동에 주목할 수도 있다.

내적 연결

홀리스틱 교육과정은 학생들을 그들의 내적 삶과 연관 짓게 한다. 여기서 내적 삶이란 한 사람의 생애에 의미와 목적을 부여하는 생명유지에 필수적이며 신비로운 에너지(vital and mysterious energy)라 정의할 수 있다. 학생들 내적인 삶과의 연결은 **이야기하기**(storytelling)를 통해 고양된다. (책에서 읽은 것이 아닌) 말로 들려지는 이야기들은 아이들의 상상력을 사로잡는다. 교사가 각본 없이 자신의 머릿속으로부터 이야기를 들려주는 시간은 그 날의 신성한 순간이 된다. 아이들은 전날에 이어서 나오는 다음 이야기를 듣기 위해 기다리며 침묵에 빠진다. 세계 각 지역에서 유래된 신화, 전설, 설화, 우화, 동화, 역사를 전 학년의 아이들에게 들려줌으로써 그들로 하여금 다양한 문화적 유산들과 문화 속에 전해져 오는 옛 지식에 자신들을 연결케 한다.

학생들이 각자의 영혼과 연결되도록 돕는 일과와 의식의 예: 매일 행하는 **노래 부르기**와 시 **낭송**; **명상**과 **심상화** 수련들; 각 학생이 나눌 기회를 갖는 **공동체 이야기**(community talking circle); 노래, 춤, 동작 활동 등 포함하는 **서클 시간**(circle time).

학교는 연중 계절에 따른 축제들과 경사스러운 날들을 함께 기념한다. **학교 차원의 축하행사**(school-wide celebrations)는 학생들에게 의례와 예식적인 요소들을 경험하게 하며 학교를 하나로 연결해 주고, 보통은 성소와 관련하여 느끼는 그런 느낌을 경험케 한다.

몸과 마음의 연결

교육과정은 몸과 마음의 자연스러운 연결을 강조한다. 몸과 감정 사이의 연결을 탐구하고, 몸이 말하려는 바가 무엇인지를 느끼는 지각력을 키워보도록 학생들을 장려한다. 우선순위는 건강하고 긍정적인 의사소통, 모든 행동들에 마음을 다하는 것—무언가를 하는 동안 행하고 있는 것을 지각하고 있는 것—에 둔다. 마인풀니스와 호흡에 초점을 두는 활동들은 학생들을 느긋해지게 하고, 한 번에 한 가지 과제에만 충실히 함께하도록 돕는다.

몸과 마음의 연결을 자극하도록 돕는 요법으로 교실에서 할 수 있는 것에는 드라마, 창조적인 동작, 춤, 퍼포먼스, 역할 놀이, 요가, 명상, 휴식 등이 있다.

교과목의 연결

홀 차일드 학교에서는 교과목 간의 연결을 장려하며, 통합 교육과정을 창출한다. 과목 간의 연결은 여러 차원에서 발생하고 있으며, 특히 몇 개의 교과목을 큰 주제를 중심으로 통합하는 **통학제적 교수**를 강조한다. 교사들은 보통 **오전 수업**에 교과를 연결한다.

일 년은 10에서 12개로 된, 3주 혹은 4주간의 학습 구역(lesson block)으로 나누어진다. 한 과목이 각 학습 구역의 중심이 되고, 다른 여러 과목들이 거기에 통합된다. 예를 들면 저학년에서는 보통 수학 학습 구역에 이야기나 시, 수학 저널 같은 것을 도입해 문해(literacy) 교육을 통합한다. 고학년에서는 수학과 언어 과목이 과학, 사회, 지리, 역사 등의 학습 구역에 통합된다. 한 과목에 대한 일관된 학습은 그 과목에 대한 학생들의 이해를 심화시키는 데 도움을 준다.

직관과 탐구의 연결

탐구에 기초한 접근은 학생들의 직관을 향상시키기 위해 교사가 할 수 있는 방법들 중 하나다. WCS의 교사들은 운동장과 자연 그리고 교실에의 탐구를 촉진할 수 있는 활동들을 제공한다. 교사들은 개방형 질문들로 학생들이 발견하고 예상하는 탐구를 주도하게 한다. 예를 들면 교사는 식물들이 어디서 자라고 싶어할 것 같은지 관찰해 보라고 제안한다. 이 관찰과 관련된 탐구 질문에는 다음과 같은 것들이 있다: "여러분은 어디서 고사리류들이 자라는 것을 보았나요?" "그것들은 왜 그곳에서 자라는 것일까요?" 교사는 학생들의 토의와 탐구들을 기록에 남긴다.

아이들은 그림을 그리고, 쓰고, 여러 가지 매체를 가진 예술로, 음악으로 자신들의 탐구를 기록할 것이다. 교사는 학생들에게 재활용품, 철사,

찰흙, 물감 등 여러 재료를 제공한다(레지오 에밀리아는 이러한 접근을 주창한다).

공동체

홀 차일드 학교는 학교 안에 있는 학교로, 토론토 동부에 위치한 로덴 공립학교(Roden Public School) 건물의 3층에 있는 학교다. 등록이 시작된 2월 어느 추운 날 밤에 나는 이 학교에 가보았다. 체육관은 학부모들과 학생들로 꽉 차 있었으며 160명이 등록할 수 있는데 첫 주에만 320명이 지원을 하였다. 하는 수 없이 추첨을 하여 입학 학생들을 받게 되었다. 2009년 6월 자문위 앞으로 온 편지에 프로젝트의 행정에 공동 책임을 맡고 있는 스테판 데이비스(Stephen Davies)는 '지난 2년 반 동안 초기 계획을 유지시켜 왔으며, 풍부한 재능과 열정으로 자원 봉사자 층에 지속적인 활기를 불어넣고 있는 학부모 공동체의 능력과 헌신'에 대해 서술하였다.

나는 다음과 같은 홀 차일드 학교 설립안(2007)의 요약 섹션에 나오는 진술들에 동의한다:

> 홀 차일드 학교는 토론토 교육청 산하의 학교들을 선도하는 원형(prototype) 학교가 될 잠재력이 있다. 우리는 학교의 성공을 위해 핵심이 되는 모든 주춧돌들로 토대를 만들었다: 공동체들에 울려 퍼지는 강력하고 분명한 비전, 탄탄한 전문성이 뒷받침된 관리 체계 모델, 우리 학교에 특징적으로 맞추어진 교육과정, 그리고 우리 공동체의 모든 이해관계자들의 열광적인 지지.
>
> 홀 차일드 학교라는 개념은 공립 학교 시스템에 속한다. 홀리스틱 교

육은 더 이상 소수의 관심사가 아니다—그것은 모든 곳에 있는 모든 아이들을 위한 것이다. 세계에서 가장 큰 교육자들의 전문 협회가 홀리스틱 교육을 그들의 최우선 과제로 인정하고 있다. 이는 주류가 홀리스틱 교육을 완전히 인정하고 있다는 증거다. 홀 차일드 학교는 이 유망한 이론과 하나의 본보기 학교를 세우려는 공동체의 요구를 시의적절하게 결합하였다(p. 34).

홀 차일드 학교는 2009년 9월 8일에 개교하였다. 90개 이상의 가정에서 150명 이상의 학생들이 이 학교를 선택하였다. 2009~2010학년에는 세 개의 유치원 5세, 6세 혼합반과 1, 2, 3학년 각 한 반씩, 그리고 4, 5학년 학생들이 한 교실에서 공부하는 한 학급이 꾸려졌다.

첫해에는 교사들이 다수의 홀리스틱 접근들에 의거해서 자신들의 교육과정을 기획하였다. 예를 들면, 저학년 교사들은 몬테소리 수학 접근을 프로그램에 통합하기 시작하였는데 이를 통해 아이들에게 정수(whole number)에 대한 탄탄한 토대를 제공한다. 왈도르프 교수법에 기초한 이야기하기는 언어 교육과정의 중심이 되었다.

실외 교육과 환경 교육 또한 홀 차일드 학교 교육과정의 핵심이 되어 왔다. 유치원 프로그램의 많은 부분은 아이들이 자연을 접할 수 있도록 실외에서 실시되어 왔다. 한 주에 한나절은 전교생이 실외 교육 시간을 가져 왔다. 부모, 교사, 아이들은 함께 하이킹을 가거나, 스케이트를 타고, 정원이나 농장 가꾸기 등을 할 수 있다. 교직원들은 환경 교육을 시작하기 위해서 파인 프로젝트(PINE Project, www.pineproject.org)라는 단체와 협력을 시작하였다.

홀 차일드 학교는 로렌 학교와 결연하여 생태 학교 인증서(eco-schools certification)를 받고자 한다. 첫 번째 쓰레기 감사가 가을에 종료되었고, 다음 감사는 봄으로 예정되어 있다. 마크 스프랙(Marc Sprack) 교감은 이러한 노력을 상당히 지지하고 있으며, 환경 클럽(the Environment Club)을 두 학교를 연결하는 핵심 연대 클럽으로 키워 왔다.

홀 차일드 학교는 토론토 교육청 산하에 신설된 네 개의 대안 학교들 중 가장 큰 학교다. WCS와 로덴 학교 모두의 교장인 테레사 태파로(Teresa Tafaro)는 행정적인 측면에서 홀 차일드 학교를 설립하고 운영하는 데 있어 중요한 동역자 역할을 해오고 있다. 그녀는 학부모 기구의 발족을 지원하여 그들이 신설된 홀 차일드 학교 협의회(WCS School Council)의 임원이 되게 하였으며, 이 학교 협의회와 WCS 교사 팀(WCS Teaching Team)과 협력하여 WCS가 그 비전을 실현해갈 수 있는 직무적이며 실무적인 관계들을 만들어 냈다. 홀 차일드 학교는 풍부하고 다양한 능력을 보유하고 적극적으로 참여하는 학부모 공동체를 가진 행복한 학교라 할 수 있다.

스테판 데이비스가 독립 학습 팀(Independent Learning Team)을 이끌고 있다. 이 팀은 교사들을 지원해 주는 홀리스틱 교육자들로 구성되어 있으며 WCS를 위한 연구 프로그램을 진행하고 있다. 대략 6주에 한 번씩 만남을 가지는 이 그룹은 모임에 WCS 교사들도 참여하도록 해왔다. 이 팀의 몇몇 사람들은 교수적 측면의 도움을 주기 위해 교사들과 함께 작업을 해오고 있다. 예를 들면 내 대학원 조교인 제니퍼 모사(Jennifer Motha)와 나는 마인풀니스 수련과 심상화 요법을 교사들이 교실에서 어떻게 적용할 수 있는지에 대한 교육 모임을 주관해 오고 있다.

새로운 학교를 개교하는 것은 엄청난 일이다. 스테판 데이비스의 말을 인용하며 이 장을 마무리하고 싶다:

홀 차일드 학교 교사 팀은 도전이 되었지만 큰 성과를 거둔 한 해를 보냈습니다. 통전적 프로그램을 실행하는 일에 대한 WCS 교사들의 개별적인 헌신은 아주 훌륭하였습니다. 모든 교사들은 홀리스틱 교육의 원칙들에 생명을 불어넣고 온타리오 교육과정에 주제별로 연결되는 교수 단원들과 개별적 학습 계획들을 설계하고 전달하려 쉬지 않고 일해 왔습니다. 교사들의 이 같은 영웅적인 노력은 될 수 있는 한 최상의 홀리스틱 교육자가 되고자 하는 개인적인 열정이 있었기에 가능하였다고 할 수 있습니다. 그 노력이 열매를 거두고 있습니다. 학부모 공동체의 대다수로부터 아이들이 학교에 가는 것을 얼마나 좋아하는지에 대한 아주 긍정적인 피드백을 듣고 있습니다.

참고문헌

Davies, S.(2009, 15 June). Personal communication to advisory board.

Miller, J.(2007). *The holistic curriculum*, 2nd ed. Toronto: University of Toronto Press.

Whole Child School(2007, 30 September). Whole Child School: Proposal for an alternative elementary school. www.wholechildschool.ca

The Holistic Curriculum. www.wholechildschool.ca

명상 지도

이 부록은 내가 학생들과 사용한 여러 가지 명상들을 포함한다. 각 명상은 우리의 관심이 정박할(anchor) 장소를 가지고 있다. 호흡, 소리나 문구(만트라), 이미지, 동작이 이에 포함된다.

어떤 명상이든 자세가 중요하다; 의자에 앉거나 쿠션을 받쳐 몸을 곧게 세워 앉아야 한다. 척추를 똑바로 펴야 하지만 너무 힘이 들어가지 않도록 한다. 눈은 감거나 지그시 반쯤 뜬다.

호흡 관찰

이 명상법은 보통 호흡의 흐름을 지각하는 것에서부터 시작된다. 콧속으로 들고 나는 혹은 배가 차오르고 내려가는 호흡을 따라간다. 우리는 호흡의 흐름을 콧속으로 '들어가고 나간다(in and out)' 혹은 배가

'불러오고 내려가는(rising and falling)' 것으로 표시할 수 있다. 호흡은 우리가 언제나 되돌아갈 수 있는 닻인 반면 지각(awareness)은 순간에 발생하는 일로 옮겨 갈 수 있다. 예를 들면 지각은 우리 몸에서 생성되는 감각에 주목할 수 있다. 무릎이 아프기 시작하거나 팔이 가려울 때 우리의 관심은 이러한 감각으로 이동할 수 있는 것이다. 이 때 마음은 단순히 이러한 감각들이 일고 있구나 인지하고 거기에 집중하다가 그것들이 사라지는 것을 감지한다. 주목할 만한 또 다른 것은 명상을 하는 동안 생겨나는 느낌들이다. 예를 들어, 어떤 동료와 논쟁을 하였었다면 분노의 느낌으로 가득 차게 될 수 있다. 이러한 느낌들은 때때로 매우 강력하게 우리를 점령하기 때문에 우리는 무슨 일이 일어나고 있는지에 대한 기본적인 지각을 잃게 된다. 여기에서 우리는 다시 호흡으로 돌아가 균형을 찾게 되고 분노에 대한 지각으로 되돌아가게 된다.

우리의 마음이 생각들로 가득 차면 또 다시 우리는 그것들에게 점령된다. 일례로, 업무와 관련한 생각들이 매우 강하게 일 수 있다; 명상을 하는 동안 단순히 그러한 생각들을 지각하려 노력한다. 생각들을 지켜보는 한 가지 요법은 마치 구름이 떠가는 것처럼 그것들을 보는 것이다. 또 다른 기법은 생각들에 이름을 붙이는 것이다. 일반적인 수준에서는 모든 생각들을 '사고'(thinking)라고 표시할 수 있고 아니면 보다 더 특정하게 그 생각들의 성격을 명명할 수도 있다. 예를 들면, 계획하기, 기억하기, 상상하기와 같이 말이다. 수즈키 로쉬(Suzuki Roshi)는 생각들의 관찰을 돕는 몇 가지 조언을 해주고 있다. 그것들은 앞서 논의한 '큰 마음'(big mind)이라는 메타포와 연결된다:

> 자젠(Zazen) 명상을 수련할 때 생각하기를 멈추려고 애쓰지 마라. 저절로 멈추게 나둬라. 무언가가 마음에 갖아들면 그것이 들고 나도록 그냥 둬

> 라. 그것은 오래 머물지 않을 것이다. 생각을 멈추려고 노력하는 것은 그것에 신경을 쓰고 있음을 의미한다. 어떤 것에도 신경 쓰지 마라. 무엇인가가 마음 밖에서 유입되는 것처럼 보이지만 실은 그것이 당신 마음의 유일한 파도다. 당신이 만일 그 파도에 신경 쓰지 않는다면 그것은 점차적으로 잠잠해질 것이다. … 마음을 있는 그대로 내버려두면 그것은 스스로 차분해진다. 이 마음을 큰 마음(big mind)이라 부른다(Goldstein, 1975, p. 28에서 인용).

명상에 있어 우리는 '마음을 비우려' 하거나 마음은 이렇게 되어야 한다는 식의 어떤 모델도 만들려 하지 않는다. 대신, 발생하고 있는 것에 단순히 함께한다.

만일 내 마음이 여러 가지 일들로 인해 지나치게 불안정하게 된다면, 그저 호흡으로 되돌아가면 된다. 점진적으로 이 명상은 나로 하여금 현재의 순간을 살도록 돕는다. 우리에게 자연스러운 지각(natural awareness)이 일도록 해주어 생각들과 느낌들로 방해받지 않도록 한다. 과거의 삶속에 살거나 미래로 우리 자신을 투영하기보다는 지금이 각각의 순간을 보다 완전하게 경험하게 된다. 우리가 정말로 경험해야 하는 전부는 지금 여기에 일어나고 있는 일이라는 것을 조금씩 배워간다.

호흡 헤아리기

단순히 호흡을 관찰하는 대신 우리는 날숨을 센다. 예를 들면, 날숨을 네 번 헤아린 후 다시 처음으로 돌아갈 수 있다. 물론, 때때로 생각에 빠져 버리기도 하고 네 번의 수를 초과하기도 한다. 하지만 결국에 이것을 지각하여 다시 처음으로 되돌아갈 수 있다. 부드럽고 판단하지 않는 방식으로 이를 시행한다; 거기에는 질책이 없다. 우리 자신을 애긍의 마음으로 지켜보고 이런 과정을 통해 타인을 향한 애긍심도 배우게 된다. 두 가지 호흡 명상 모두 어떤 식으로든 호흡을 통제하려 노력하지 않는다; 우리는 다만 호흡이 하는 일을 하도록 그냥 내버려두고 거기에서부터 시작한다.

바디 스캔

몸은 또한 명상 수행의 아주 훌륭한 닻이며 우리를 머리에만 쏠려 있지 않게 돕는다. '바디 스위핑'(body sweeping)이라고도 불리는 이 기술은 존 카바트-진(Jon Kabat-Zinn)과 에스 엔 고엔카(S.N. Goenka)에 의해 알려졌다. 카바트-진은 『Full Catastrophe Living』(1990)에서 이 요법을 기술하고 있으며, 고엔카는 『Vipassana Meditation』(1982)에서 바디 스캔을 상세하게 설명한다. 이 요법은 머리 끝이나 발가락 끝에서 시작되어 점차 몸 전체를 관통하게 된다. 다음의 내용은 몇 가지 기본적인 지침이다:

> 머리 끝에 관심을 집중하여 시작하라. 거기에 어떤 느낌들이 있는지 주목하라. 진동이나 가려움이나 긴장과 같은 것이 있는가 아니면 특별하게 두드러진 감각은 없는가? 이제 관심을 머리 뒤쪽으로 가져가 보자. 같은 식으로 어떤 느낌이 드는지 지각해 보라. 무언가를 느낀다면 그것에 잠시 초점을 기울여라. 이제 머리의 좌측과 우측 면에 주목해 보라. 거기에

는 어떤 느낌들이 있는가? 그리고 얼굴에 초점을 두어보라. 눈과 코와 입 주위에 일고 있는 감각들을 지각해 보자.

그리고 목으로 초점을 옮겨서 앞 부분에서 점차적으로 옆 쪽 그리고 목의 뒷부분으로 옮겨 간다. 이제 관심을 등 아래로 조금씩 이동시킨다. 우선은 어깨에서 등의 윗부분에 초점을 두었다가 느낌을 주시하며 천천히 등 아래로 내려간다. 어깨와 등에 긴장이 일기도 한다. 이 곳을 천천히 통과하면서 어떤 긴장과 아픔이 있는지 예의 주시한다. 고통이 느껴진다면 거기에 즉시 반응하지 말고 아무런 판단을 가하지 않는 방식으로 주목해 보라. 아픔과 긴장이 있는 곳에 집중을 완화해 보라.

이제 지각을 팔로 이동시켜 보라. 한쪽 팔에 관심을 두고 손과 손가락에 이를 때까지 주목해 보자. 거기에서 다시 어떤 느낌들이나 느낌의 부재를 주목하라. 다른 팔로 관심을 이동시켜 어깨에서부터 손과 손가락까지 같은 관심을 기울여 보라.

오른쪽 골반에 초점을 맞춰보라. 그리고 천천히 다리 아래로 이동하면서 주목해 보자. 허벅지 그리고 무릎으로 관심을 기울여 보라. 아래쪽 다리와 마지막으로는 발과 발가락을 스캔하라. 이제는 왼쪽 골반으로 관심을 옮겨 다리 아래로 발과 발가락까지 어떤 감각이 일어나는지 주목하면서 이동한다. 발과 발가락에서 잠시동안 관심의 휴식을 취하라.

이제 발과 발가락에서 시작해 몸을 거꾸로 오르며 지각을 이동시켜 보라. 천천히 몸 전체를 이동해본 후, 위아래로 더 빠르게 움직이는 바디 스캔을 따라갈 수 있다. 바디 스캔은 45분 가량 지속할 수 있다.

만트라

만트라(mantra)는 단어나 문장을 지각의 닻으로 이용하는 것이다. 침묵하며 앉아서 하는 명상이나 매일의 활동을 하는 동안 이를 계속하여 반복한다. 만트라라는 단어는 '마음'(the mind)을 뜻하는 man과 '건너다'(to cross)를 뜻하는 tri에서 유래한다. 에스와랜(Easwaran, 1977)은 '만트람(mantram)은 우리로 하여금 마음의 바다를 건너게 하는 것'이라고 말한다(p. 43).

만트라는 거의 모든 종교에 존재한다. 가톨릭이 사용하는 '아베 마리아'(Hail Mary)는 기독교의 만트라다. 유대교에는 Barukh, attah Adonai 구절이 있는데, 이는 '당신은 복됩니다. 오 주님'(Blessed art thou, O Lord)을 의미한다(Easwaran, 1977, p. 61). 이슬람 신아에서 만트라는 Bismillah ir-Rahman ir-Rahim이다. 이는 '자애이며 긍휼이신 알라의 의름으로'(In the name of Allah, the merciful, the compassionate)이다. 대중적인 명상의 한 형태인 초월 명상(transcendental meditation)도 만트라를 이용한다. 우리는 또한 만트라를 종교와 상관없이 수행할 수 있다. 허버트 벤슨(Herbert Benson, 1976)이 개발한 이완 반응법(relaxed response)은 숫자 1을 반복하도록 요구한다. 우리는 또한 긴장을 풀어주고 보다 온전히 현재하도록 도울 수 있는(예를 들면 평화와 같은) 단어나 문장을 사용하여 우리 자신의 만트라를 만들 수 있다.

자신을 가득 채워줄 것 같은 만트라를 일단 선택하면 그것을 고집하라. 명상을 하는 동안 바꾸지 마라. 또한 명상에 호의적이지 않은 사람들을 향해 자신의 만트라를 반복하는 것은 지혜롭지 않다. 만트라가 반드시 비밀일 필요는 없지만, 긍정적인 마음으로 명상에 접근해야 한다.

만트라를 선택하였으면 이 수련을 시작할 수 있다. 눈을 뜨고 만트라를 크게 반복하여 시작하는 것이 가장 좋다. 소리와 리듬이 일단 익숙해지면 눈을 감거나 반쯤 뜨고 조용하게 속에서 되풀이할 수 있다. 반복하게 되면 만트라가 자동적으로 된다는 느낌을 가지게 될 것이다; 즉, 저절로 반복된다. 만트라를 하고 있는 것은 나지만, 만트라가 내 속에서 계속 진행되는 것이다.

> 명상의 모든 것이 여기에 있다. 단지 평화롭게 앉아, 마음에서 울리는 만트라를 들으며, 그것이 가고 싶은 곳으로 가도록 그대로 둔다. 더 커졌다가는 더 부드럽게 되고 사라졌다가는 다시 돌아오게, 느려졌다가는 다시 속도를 내도록. … 명상은 노가 없는 배를 타고 흐르는 물결에 맡기는 것과 같다. 노가 필요 없기 때문에 당신은 어느 곳에도 가지 않는다 (Carrington, 1977, p. 80).

일상에서 만트라를 반복하는 것도 가능하다. 예를 들면, 버스나 지하철을 타고 있는 동안 이를 반복할 수 있다. 일터에서 긴장을 느끼기 시작하면 만트라를 통해 긴장을 풀 수 있다. 최근 유네스코(UNESCO) 학회에서 발표를 할 때 약간 긴장을 하게 되었다. 그 때 '나는 영혼 속에서 쉼을 누린다'(I rest in the spirit)라는 만트라를 반복하여 느긋해질 수 있었다.

걸으면서도 할 수 있다; 만트라는 발걸음에 조용한 리듬을 제공해줄 수 있다. 만트라를 사용할 수 있는 또 다른 시간은 몸이 아프거나 지루한 시간이다. 간간이 우리는 아무것도 할 일이 없는 길고 느리게 지나가는 시간에 직면한다. 만트라를 하기 위한 좋은 시간은 밤시간 누워 깨어 있을 때다. 이런저런 생각들에 마음을 빼기기보다는—그런 생각들이 종종 우리로 하여금 밤에 쉼을 얻지 못하도록 한다—만트라를 반복하라. 이 조용한 리듬이 여러분의 마음을 모아주고 잠으로 인도해 줄 것이다.

만트라를 하기에 적당하지 않은 시간들도 있다. 예를 들면, 운전을 한다거나 음악을 듣는 등의 온전한 주의가 필요한 일이나 업무를 할 때는 만트라가 방해물이 될 것이다.

심상화

심상화(visualization)는 전인 교육과정의 일부분으로 4장에서 기술한 바 있다. 심상(imagery)은 교사들의 내적 성장을 위한 자료가 될 수 있다. 마음 속의 이미지는 강력한 효과를 가져온다; 예를 들면, 대중 앞에서 말하는 것이 두려운 사람은 청중 앞에 서 있는 자신의 이미지만으로도 심장 박동이 빨라질 수 있다. 유도 심상(guided imagery) 혹은 심상화는 긍정적인 성장과 지각을 증진할 수 있는 이미지를 이끌어 내도록 시도한다.

심상화는 특정한 생리학적인 변화를 가져올 수 있다. 달리고 있는 것을 상상하는 경우 달리는 것과 관련된 근육에서 작은 수축이 발생한다고 연구들은 보여주고 있다.

우리는 또한 감정적인 변화가 심상화를 통해 일어난다는 것을 알고 있다. 예를 들면, 비행기를 타는 것에 두려움을 가지고 있다면 비행기를 타는 이미지만으로도 두려움과 동반된 생리적인 변화가 일어난다. 같은 식으로 초원을 걷고 있는 것과 같은 편안한 이미지는 심장 박동과 혈압을 낮추고 근육을 이완시켜 준다. 머피(Murphy, 1992)에 따르면, '심상화 수련(imagery practice)은 여러 가지 고통들, 즉 우울증, 불안, 불면증, 비만, 성적인 문제, 만성 통증, 공포증, 심신증, 암, 그리고 여러 다른 질병들을 완화시킬 수 있다고 연구들은 보여주고 있다' (p. 372).

처음에 할 수 있는 간단한 심상화 수련은 오렌지와 같은 사물을 마음에 그려보는 것이다: 오렌지 하나를 2, 3피트 앞에 놓아두라. 주변의 다른 물건이 관심을 흩트리지 못하도록 배치하라. … 긴장을 풀라. 그리고 깊은 숨을 쉬고 … 이제 오렌지를 정탐해 보라. 그것의 모양, 색깔 그리고 특이한 무늬 등 … 이제 눈을 감아보라. … 오렌지의 이미지가 보이는가? 그것의 모양, 색깔, 그리고 무늬 같은. … 이제 눈을 뜨고 오렌지를 보라. 그리고 눈을 감고 보았던 이미지와 비교해 보라. 다른 점이 있는지 주목해 보라. 눈을 다시 감고 이 활동을 반복하라.

이 활동에서 어떤 식으로든 어려움이 생긴다면 나중에 다시 시도할 수 있다. 아마도 다음 번에는 보다 쉽게 이미지가 떠오르게 될 것이다. 피에로 페루치(Piero Ferruci, 1982)는『What We May Be』에서 몇 가지 심상화를 소개한다. 다음은 '샘'(Fount)이라는 예다:

> 화강암으로부터 분출되는 샘물을 상상해 보라. 태양아래 반짝이는 깨끗한 물줄기를 바라보고 주변의 정적 속에서 철렁거리는 물 소리를 듣는다. 모든 것이 더 깨끗하고, 더 순전하며 더 본질적인 이 특별한 장소를 경험한다.
>
> 그 물을 마셔보라. 당신에게 퍼져 가는 그리고 당신을 더욱 가볍게 만들어 주는 그 유익한 에너지를 느껴보라.
>
> 이제 그 샘으로 걸어 들어가라. 물이 당신을 덮쳐 흐르게 두라. 이 물이 당신의 몸속 세포 하나하나를 관통하고 그 사이로 흘러 들어가는 힘이

있다고 상상하라. 또한 헤아릴 수 없이 많은 당신의 미묘한 정서들과 감정들 속으로 그리고 당신의 지력을 통과해서 흘러가고 있다고 상상해 보라. 매일매일 쌓아 놓게 된 모든 정신적 부스러기들을 그 물이 씻어내고 있다고 느껴보라. 좌절들과 후회들와 걱정들과 모든 류의 상념들을 말이다.

샘의 순수함이 어떻게 당신의 순수함이 되고 어떻게 샘의 에너지가 당신의 에너지가 되어 가는지 점차 경험한다.

마지막으로 당신이 그 샘, 모든 것이 가능하고 생명이 영원토록 새로운, 바로 그 샘이라고 상상해 보라(p. 123).

위의 '샘'의 예에서는 물을 주된 이미지와 상징으로 이용하고 그 상징들이 심상화 과정에 융합된다. 공상의 세계에서 발견할 수 있는 몇몇 일반적인 상징들과 그들의 가능한 의미들은 다음과 같다:

- 물(water): 수용성(receptivity), 수동성(passivity), 평온(calm)
- 등반(ascent): 성장(growth), 내면으로의 여행(inward journey)
- 십자가(cross): 생명의 나무(tree of life), 영적인 연결(spiritual connectedness)
- 언덕 혹은 산(hill or mountain): 목표(aims) 혹은 야망(ambitions)
- 빛(light): 창조성(creativity), 일치(unity), 영적 원천(spiritual source)
- 태양(sun): 생명력(life force), 영적 전인성의 치유(healing spiritual wholeness)

(Samuels & Samuels, 1975, p. 97)

하나의 상징은 여러 가지 의미를 지닐 수 있으나 그것들을 해석하는

데 너무 집착해서는 안 된다. 그러나 하나의 상징이 지속되면 아마도 여러분은 명상이나 다른 심상화에 이를 사용하여 그것의 의미를 알고자 원할 것이다. 심상화에 대한 가장 좋은 책은 사뮤엘스와 사뮤엘스(Samuels & Samuels)가 펴낸 『Seeing with Mind's Eye: The history, techniques and uses of visualization』이다. 이 책은 보다 창조적이 되고, 질병을 다루거나, 우리의 영적 본성을 자극하는 것에 적용될 수 있는 많은 심상화들을 포함하고 있다.

특정한 사람과 연결되어 있다고 느끼면 그 사람과 함께 있다(presence)고 심상화할 수 있다. 그 사람의 사랑과 애긍심이 우리의 가슴으로 흘러가도록 상상할 수 있다. 다른 사람이 함께 있는 것의 심상화를 가리켜 '키띵'(kything)이라고 부른다. 세이버리와 번(Savary and Berne, 1988)은 키띵을 영적으로 함께하는 의식적 행동(a conscious act of spiritual presence)이라고 정의한다. 그들은 키띵의 한 가지 예를 빅터 프랭클(Victor Frankl)의 책 『Man's Search for Meaning』(1992)에서 찾는다. 프랭클이 강제 수용소에서 살아 남게 된 방법 중 하나는 아내가 함께하고 있다고 상상하였기 때문이다:

> 친구와 내가 얼어붙은 데를 밟아 미끄러지고, 서로를 계속해서 지탱해 주고, 서로를 위로 앞으로 끌어 주면서 몇 마일을 비틀거리며 지나가고 있을 때, 아무 말도 하지 않았지만 우리는 알고 있었다; 우리는 각자 자기의 아내를 생각하고 있었다는 것을. 간혹, 나는 하늘을 쳐다보았다. 별들이 사라져 가고 아침의 분홍빛이 어두운 구름 가장자리 뒤쪽으로 퍼져가고 있었다. 그러나 내 마음은 아내의 이미지에 붙어 있었다. 나는 진짜 이것을 너무도 선명하게 상상할 수 있었다. 나는 내게 대답하는 아내의 소리를 들었고, 그녀의 미소와, 진솔하게 용기를 주는 모습을 보았다. 실

제든 아니든, 아내의 얼굴은 막 떠오르기 시작한 태양보다 더 밝게 빛을 발하였다(p. 68).

심상화를 통해 강제 수용소의 끔찍한 역경 속에서 살아남을 수 있었다는 프랭클의 경험은 심상화가 가진 힘을 보여준다. 종종 심상법은 뉴 에이지(new age) 기법으로서만 여겨지고 있는데 프랭클의 예는 이 수련의 궁극적인 힘을 보여준다.

세이버리와 번은 함께함의 세 가지 유형에 대해 말하고 있다—물리적, 심리적, 영적. 물리적으로 함께하는 것은 간단히 말해 같은 물리적 장소에 함께 있음을 말하며, 심리적으로 함께하는 것은 마음과 마음의 소통과 관련이 있다. 영적인 차원의 키떵은 일종의 영성체(communion)로 묘사할 수 있다.

동작 명상

동작 명상은 단순하게 걷는 명상에서부터 요가(yoga)나 타이치(tai chi) 등 범위가 넓다. 여기서 나는 걷기 명상을 짧게 묘사하려 한다. 종종 이 명상은 수련회에서 (통찰적인 명상과 같은) 앉아서 하는 명상과 연결하여 행하게 된다. 예를 들면, 수련회 참가자들은 45분간의 앉아서 하는 명상과 45분간의 걷기 명상을 번갈아 하게 된다.

여러분의 발 앞 쪽으로 몇 피트 쯤에 시선을 두고 시작하라. 잠시 동안 서서, 서있는 몸을 지각하라. 팔은 옆으로 편안하게 내린다. 이제 발에 주목해 보자. 여러분을 지탱해 주며 땅을 밟고 있는 발을 느껴보라. 이 명상의 주된 관심사는 땅을 딛고 움직이는 발에 있다. 그러므로 발이 이 수련의 닻이 되는 셈이다. 천천히 발을 들어올려서 조금씩 땅 위에 놓아보자.

짧은 거리를 걸어 나가서(10에서 15야드 정도) 방향을 바꾼다. 방향을 바꾸어 다시 걸어 나가기 전 잠시 멈추어 선다.

동작들을 명명해 보는 것도 가능하다; 예를 들면 발을 들어올리면서 여러분은 속으로 '든다'(lifting), 발을 움직일 때는 '움직인다'(moving), 발이 땅에 닿을 때에는 '닫는다'(touching)라고 말해도 좋다. 그러나 중요한 것은 관심을 발과 동작 자체에 두는 것이다.

명상이 끝날 즈음에 잠시동안 그대로 서서 간단하게 몸 전체를 지각해볼 수 있다.

시작하기

한 번도 명상을 해보지 않았다면 가장 편안한 방법을 찾을 때까지 여러 가지 것들을 시도해 보길 원할 것이다. 일단 한 가지 접근에 정착하게 되면 그것을 고수해야 한다. 계속해서 바꾸게 되면 수련이 결코 깊어지지 않을 것이다.

정지해서 하는 명상 수련을 시작하기 위해서는 머리, 목, 가슴을 곧게 하고 편안하게 앉아라. 의자에 앉을 수도 있고 방석이나 벤치 위에 책상다리를 할 수 있다. 가장 중요한 것은 명상을 하는 동안 여기저기 돌아다니지 않을 만한 장소에 자리를 잡는 것이다.

식사후 적어도 한 시간이 지난 뒤가 명상하기에 적합한 듯 하나, 제일로 선호하는 시간은 이른 아침 일어났을 때 혹은 저녁 시간인 것 같다. 방해받지 않는 장소를 택해야 한다. 명상을 위한 방이 있다면 좋다; 그렇지 않다면 명상에 도움이 되도록 침실 구석을 배치해도 도움이 될 수 있겠다. 시간과 장소가 일단 정해지면, 급한 일이 아니라면 방해하지 말라고 다른 식구들을 인식시켜야 한다. 그러나 이 수련을 위해 무모해져서는 안 된다. 일례로 어린아이들이 있는 가정에서는 저녁 식사 바로 전에 명상을 하는 것은 좋은 생각이 아니다. 이 때는 보통 바쁜 시간이고 명상 수련은 가족들이 필요로 하는 것들로 인해 방해받기 쉽다.

명상 수련을 처음 시작할 때에는 20분이 적당하다. 특별한 방법에 전념하게 되면 30분, 40분으로 늘릴 수 있다. 명상을 하는 동안 시계를 보는 것은 나쁜 일이 아니다; 명상을 위해 타이머를 사용하는 것도 좋다. 명상을 마치면서 1, 2분 정도 그대로 앉아서 명상과 일상 활동의 재개 사이에 여유를 갖는 것도 좋은 생각이다.

참|고|문|헌

Benson, H.(1976). *The relaxation response*. New York: Avon.

Carrington, P. (1977). *Freedom in meditation*. New York: Doubleday.

Easwaran, E.(1977). *The mandram handbook: Formulas for transformation*. Berkeley, CA: Nilgri Press.

Ferruci, P. (1982). *What we may be: Techniques for psychological and spiritual growth*. Los Angeles, CA: Tarcher.

Frankl, V.(1992). *Man's search for meaning*. Boston: Beacon.

Goenka, S.N.(1982). *Vipassana meditation*. New York: Harper and Row.

Goldstein, J.(1975). *The experience of insight: A natural unfolding*. Santa Cruz, CA: Unity Press.

Kabat-Zinn, J.(1990). *Full catastrophe living: Using the wisdom of your body and mind to face stress, pain and illness*. New York: Delacorte Press.

Murphy, M.(1992). *The future of the body: Explorations into the further evolution of human nature*. New York: Jeremy Tarcher.

Samuels, M., & Samuels, N.(1975). *Seeing with mind's eye: The history, techniques and uses of visualization*. New York: Random House.

Savary, L.M., & Berne, P. H.(1988). *Kything: The art of spiritual presence*. Mahwah, NJ: Paulist Press.

찾아보기

가

나

다

라

마

바

사

아

자

차

카

타

파

하

기타

옮긴이 민경숙

한국교원대학교 (학사)

University of Toronto/OISE, 교육과정 및 교사교육 (석사)

University of Toronto/OISE, 교육과정 및 교사교육 (박사)

현) Toronto ArtEco Holistic Learning Groupe 대표

전인 아동 교육 WHOLE CHILD EDUCATION

발행일 2014년 11월 21일 초판 발행 | **지은이** John P. Miller | **옮긴이** 민경숙
발행인 홍진기 | **발행처** 아카데미프레스 | **주소** 413-756 경기도 파주시 문발동 출판정보산업단지 507-9
전화 031-947-7389 | **팩스** 031-947-7698 | **이메일** info@academypress.co.kr
웹사이트 www.academypress.co.kr | **출판등록** 2003. 6. 18 제406-2011-000131호

ISBN 978-89-97544-55-4 93370

값 15,000원